DAS INVASÕES COLETIVAS
Aspectos Jurisprudenciais

R484d Ribeiro Filho, Romeu Marques
    Das invasões coletivas: aspectos jurisprudenciais / Romeu Marques Ribeiro Filho. — Porto Alegre: Livraria do Advogado, 1998.
    231 p.; 14x21cm.
    ISBN 85-7348-083-1

    1. Propriedade: Invasão. I. Título.

                        CDU 347.232.1

    Índice para catálogo sistemático
    Propriedade: Invasão

(Bibliotecária responsável: Marta Roberto, CRB 10/652)

Romeu Marques Ribeiro Filho

DAS INVASÕES COLETIVAS

Aspectos Jurisprudenciais

livraria
DO ADVOGADO
editora

Porto Alegre 1998

© Romeu Marques Ribeiro Filho, 1998

Revisão
Rosane Marques Borba

Capa, projeto gráfico e diagramação
Livraria do Advogado / Valmor Bortoloti

Foto da capa
Sílvio Ávila

Direitos desta edição reservados por
Livraria do Advogado Ltda.
Rua Riachuelo, 1338
90010-273 Porto Alegre RS
Fone/fax (051) 225-3311
E-mail: livadv@vanet.com.br
Internet: www.liv-advogado.com.br

Impresso do Brasil / Printed in Brazil

*Para Denise,
Luís Fernando e João Henrique.*

*Para Romeu Marques Ribeiro,
meu pai, exemplo de homem de bem.*

"Aquel personaje de la escuela de las princesas que decia que no hay revolución que no termine en una dictadura, ni dictadura que no termine em una revolución, demonstró com sutil ironía lo difícil que es volver al sendero de la Constitución.
Es por eso que toda salida de la legalidad constituye una aventura: no solo por tener que salir de ella, sino porque es mucho más difícil volver".

EUARDO J. COUTURE
Meditaciones Sobre La Libertad

Prefácio

O Brasil vive hoje um grande drama, de todos conhecido e por todos os meios de comunicação revelado. Não há edição de jornal que não estampe notícias sobre conflito envolcendo brasileiros que buscam um pequeno pedaço deste território continental, que lhes sirva de ninho para as sementes ou de suporte para a instalação da moradia.

Este fenômeno, mal equacionado por quem tinha e tem a responsabilidade de apontar e executar a devida solução, acaba por atingir o Judiciário, para onde acorrem as pessoas atingidas pelos efeitos jurídicos do conflito.

Vem agora um ilustre magistrado gaúcho, o doutor Romeu Marques Robeiro Filho, expor sua visão a respeito de múltiplos aspectos do fenômeno; sobre as questões sociais, políticas e jurídicas do tema, dando enfoque especial às últimas, no que tange ao enfrentamento da controvérsia no bojo de um processo judicial.

O autor não se furta de emitir sua opinião pessoal acerca das múltiplas faces do grande e preocupante problema com o qual pode-se não concordar, mas é impossível deixar de reconhecer que o livro mexe com matéria altamente polêmica e, via de regra, tratada com passionalidade por todos os agentes interessados, o que, por si só, certamente despertará atenção e reações de juristas, de sociólogos, de políticos e daqueles diretamente envolvidos na contenda fundiária.

Não é livro para dormir o sono tranqüilo das prateleiras!

Porto Alegre, agosto de 1998.

Des. Antonio Guilherme Tanger Jardim

Sumário

APRESENTAÇÃO 13

I – Do esbulho coletivo 17
II – Da dispensa da audiência de justificação prévia no esbulho coletivo 30
III – Do deferimento da liminar possessória no esbulho coletivo 40
IV – Da execução da liminar possessória no esbulho coletivo 43
V – Da antecipação da tutela nas ações possessórias de força velha 49
VI – Da citação multitudinária no esbulho coletivo 55
VII – Do esbulho coletivo e questões incidentais 64
    1 – Da função social da propriedade 65
    2 – Da invocação do art. 5º da LICC como matéria de defesa 72
    3 – Da invasão de terras e *habeas corpus* preventivo .. 75
    4 – Do imóvel aparentemente abandonado 78
    5 – Da ausência de atos materiais sobre o imóvel ... 81
    6 – Dos fatores sociais como matéria de defesa 85
    7 – Do interdito proibitório como providência preventiva 92
    8 – Da legítima defesa da posse e do desforço imediato 96
    9 – Do esbulho possessório como ilícito penal 103
    10 – Da omissão do Estado e crise social. Intervenção Federal 108
    11 – Direito Alternativo – Confisco através da Jurisdição? 114
    12 – Da fungibilidade dos interditos 125

      13 – Do imóvel rural produtivo e desapropriação. Defesa pelo *writ* 135
      14 – Reforma Agrária e Ação Reivindicatória. Assentamento de "Sem-Terra" 157
      15 – Invasões Coletivas e Bens Públicos 163
      16 – Do petitório e do possessório. Livre opção do proprietário esbulhado 173
      17 – Da Ação Reivindicatória e Antecipação da Tutela . 179
VIII – Invasão de área – contestação ofertada por parte de alguns dos esbulhadores 185
IX – Das invasões coletivas e intervenção do Ministério Público 193
X – Das invasões coletivas e julgamento antecipado da lide 198
XI – Da sentença de mérito – efeitos e execução 203

CONCLUSÃO 218

LEGISLAÇÃO 223

Apresentação

O presente Trabalho, ainda que de maneira sucinta, se propõe a abordar a complexa questão atinente a recentes episódios verificados no País, consistentes nas assim denominadas invasões, urbanas e rurais, e a sistemática ocorrência de esbulhos coletivos multitudinários.

Não raro, nos dias atuais, vê-se o Poder Judiciário prestando jurisdição não somente ao caso concreto trazido a julgamento, mas também, procurando suprir profundas e preocupantes lacunas sociais, fruto do inteiro descaso da Administração no cumprimento de seus deveres constitucionais. Em seus quase cinco séculos de história, a estrutura fundiária nacional permanece em estado de verdadeira letargia. Também no que respeita às invasões de imóveis urbanos, outra não é a realidade observada, vez que compete à Municipalidade o estabelecimento de normas e a verificação se o imóvel urbano cumpre a sua função social à luz do Plano Diretor, o que decorre de mandamento constitucional expresso. Todavia, conforme sabido, a realidade é bem outra.

Se qualquer decisão judicial, notadamente em situações onde uma coletividade se vê prestes a ser destituída de terra e teto, deve ser norteada pela sensibilidade do Julgador, menos verdadeiro não é ser o direito à propriedade constitucionalmente tutelado, sendo assegurado a qualquer cidadão que o mesmo não será privado de seus bens sem o devido processo legal.

São incontáveis os precedentes jurisprudenciais, no particular. Julgados e mais Julgados somam-se a outros tantos, isso visando a harmonizar essa preocupante realidade que amiudadamente invade os noticiários e termina por bater às portas dos Tribunais. Enquanto a própria Administração, tanto no plano rural quanto urbano, não cumprir seus deveres constitucionalmente elencados, tocará ao Poder Judiciário a árdua tarefa de suprir a inércia do Executivo, como último bastião da sociedade excluída, na tentativa de compor não só conflitos jurídicos, mas sobretudo sociais.

E também não se olvida que, quando coletivo o esbulho, este assume ares de fato notório. De posse confessadamente injusta remediável pela reintegração *initio litis*, ainda que venham a reconhecer os pretórios eventual direito subjetivo em favor dos invasores de acesso a um pedaço de terra, onde tenham condições mínimas de viver e produzir. Contudo, aqui se esgota a prestação jurisdicional. "Não se nega esse direito e nem se pode deixar de reconhecer a necessidade de que órgãos governamentais, encarregados da elaboração e da aplicação do Plano Nacional de Reforma Agrária, adotem, com máxima urgência, as medidas necessárias para que esses objetivos sejam alcançados.

No entanto, não se faz reforma agrária com invasão ou ocupação de terras particulares e, muito menos, com acampamentos em praça pública. Nem se pode tolerar, com a invocação ao problema social e ao alegado direito subjetivo de acesso à terra, que fazendas sejam ocupadas, violando-se, assim, regras que tutelam o direito de propriedade e o direito de posse, com a intenção deliberada de pressionar a solução da questão da reforma agrária. Ele deve, na verdade, ser de pronto solucionado. Mas nunca dessa maneira.

Também não se pode argumentar com o decreto expropriatório. Enquanto não houver ato formal de expropriação, que exige uma série de cuidados, entre eles, não sendo aceito o preço ofertado, o processo respectivo, com a imissão de posse, a ocorrida invasão não tem qualquer explicação.

Aliás, invasão *manu militari* nunca pode ser explicada, nem ao menos com o fato consumado ou com a argumentação relacionada com os fins sociais.[1]

Também no que diz com o esbulho coletivo urbano, outra não é a orientação, no sentido de que se trata de simples invasão de propriedade privada, numa tentativa de criar fato social relevante que justifique vantagens econômicas aos invasores. Os objetivos do movimento até podem ser justos, enquanto movimento político, porém não pode encontrar respaldo na ordem jurídica".[2]

Destarte, ao fim e ao cabo, nota-se que os esbulhos coletivos observados nada mais são do que mecanismos de pressão para que a Administração cumpra, de uma vez por todas, suas obrigações constitucionais, minimizando, assim, problemas sociais relevantes e de sua inteira responsabilidade. Por mais sensível que possa vir a ser o Poder Judiciário com as questões sociais que se agregam aos litígios assim colocados, tal não servirá para suprir a incompreensível omissão e letargia adotada pelo Executivo no trato da delicada e urgente questão fundiária e de moradia observada no País.

Tal postura omissiva, a cargo da Administração, emerge como sonegação da própria cidadania, não mais podendo ser tolerada pela sociedade politicamente organizada. Na esteira da advertência do eminente Ministro Sálvio de Figueiredo Teixeira, "ao aproximar-se excitante virada do século, nesses tempos de extraordinárias transformações nos campos político e ideológico, quando países se agregam em comunidades econômicas, nações se libertam e fronteiras estão em constante

---

[1] JULGADOS do Tribunal de Alçada do R.G.S., n. 77, pp. 239/240.
[2] JULGADOS do Tribunal de Alçada do R.G.S., n. 97, p. 260.

mutação, regimes totalitários e carismáticos se esfalecem e uma onda de liberalismo varre os horizontes, quando a pobreza cede lugar à miséria, a violência invade os lares, a ciência e a tecnologia atingem patamares inacreditáveis, e os sonhos povoam os corações dos que acreditam no amanhã, cabe-nos, a todos nós, missão relevante, árdua mas grandiosa e bela. O Estado Democrático de Direito não se contenta mais com uma ação passiva. O Judiciário não mais é visto como mero Poder eqüidistante, mas como efetivo participante dos destinos da Nação e responsável pelo bem comum. Os direitos fundamentais sociais, ao contrário dos direitos fundamentais clássicos, exigem a atuação do Estado, proibindo-lhe a omissão. Essa nova postura repudia as normas constitucionais como meros preceitos programáticos, vendo-as sempre dotadas de eficácia em temas como dignidade humana, redução das desigualdades sociais, erradicação da miséria e da marginalização, valorização do trabalho e da livre iniciativa, defesa do meio ambiente e construção de uma sociedade mais livre, justa e solidária".[3]

O autor.

---

[3] Teixeira, Sálvio de Figueiredo. *O Aprimoramento do Processo Civil como Pressuposto de uma Justiça Melhor.* Conferência proferida em 16.11.91, em Belo Horizonte, na sessão de encerramento do XII Congresso Brasileiro de Magistrados.

I – Do esbulho coletivo

O esbulho, conceituado por De Plácido e Silva como termo derivado do latim *spolium*, de *spoliare* (espoliar, despojar), foi admitido na terminologia jurídica com o sentido próprio de ato violento, em virtude do qual é uma pessoa despojada (desapossada), contra sua vontade, daquilo que lhe pertence ou está em sua posse, sem que assista ao violentador qualquer direito ou autoridade, com que possa justificar o seu ato. Na técnica jurídica, o esbulho se mostra uma usurpação. E a lei assegura ao usurpado ou esbulhado o direito imediato de defender a sua posse, mediante a ação que se diz de esbulho, de reintegração ou força espoliativa, a qual tem por objetivo integrá-lo na posse, de que foi violentamente privado.[4] No mesmo passo, o magistério de Waldir Vitral, ao definir o esbulho possessório como sendo o ato de privar alguma pessoa da posse de alguma coisa, mediante emprego de violência, ato clandestino ou abuso de confiança.[5]

No plano normativo vigente, encontra-se disposição expressa e clara com vistas ao ato de esbulho, assim versada no art. 499 do Código Civil, onde dúvidas não pairam no sentido de que o possuidor tem o direito de ser restituído na posse em caso de esbulho. Tal disposi-

---
[4] Silva, De Plácido e. *Vocabulário Jurídico*, Forense, 10ª edição, Rio de Janeiro, 1987, p. 186.

[5] Vitral, Waldir. *Vocabulário Jurídico*, Forense, 4ª edição, Rio de Janeiro, 1986, p. 295.

ção legal, de caráter eminentemente restituitório, a nada mais visa que repor o esbulhado em seu *statu quo* anteriormente existente e do qual foi destituído, por ato injusto, derivado de violência, clandestinidade ou precariedade.

Outra não é a lição de Adroaldo Furtado Fabrício, ao se referir aos efeitos jurídicos da posse, salientando que o art. 499 do Código Civil de 1916 à tutela por via dos interditos, vale dizer, a aplicação do princípio *quieta non movere* de modo a assegurar o possuidor contra atos capazes de embaraçar ou obstar o tranqüilo exercício do poder de fato. Adiante alude o mesmo autor, reconhecer o Código apenas três espécies de ações possessórias: reintegratória, de manutenção e interdito proibitório. Não se inclui mais no capítulo das possessórias a ação de imissão de posse, que o Código revogado contemplava entre elas – aliás erroneamente, pois a proteção à imissão não se funda na posse, mas no *ius possidendi*. As três ações possessórias, sob essa denominação reguladas por este Capítulo, correspondem aos três diferentes graus de ofensa à posse: esbulho, turbação e ameaça. O esbulho é a mais grave dessas ofensas porque despoja da posse o esbulhado, retirando-lhe por inteiro o poder fático que exercia sobre a coisa e tornando assim impossível a continuação do respectivo exercício. O esbulhado perde a posse.[6]

Por definição, aqui se cuidará de atos invasivos coletivos, não do esbulho clássico e corriqueiro das lides forenses, verificado em ações possessórias iguais a tantas outras, em que são indivíduos os que contendem. Não há como se negar que há fato novo a ser considerado no plano possessório, no que diz com seus interditos, isso na exata medida em que verdadeiras coletividades passaram a figurar no pólo passivo da

---
[6] Fabrício, Adroaldo Furtado. *Comentários ao Código de Processo Civil*, Vol III, Forense, Rio de Janeiro, 1980, pp. 469/470.

relação processual, o que termina por gerar conseqüências que beiram a perplexidade. De ser notado, que não há pressuposto normativo, processual ou material, que contemple o esbulho multitudinário de forma específica e expressa.

Em assim sendo, o deslinde de questões tais, bem como o enfrentamento de situações processuais quase atípicas, encontradiças no trato do esbulho coletivo, as quais não raro se apresentam ao exame do caso concreto, vêm sendo solvidas por força de construção pretoriana, como se verá. Exatamente os pretórios, ao enfrentamento dessa novel modalidade de esbulho, têm emprestado equacionamento àquelas questões complexas facilmente verificadas ao longo da marcha processual. Seriam teoricamente simples – e aqui se fala em tese – e de fácil deslinde, aquelas questões que amiudadamente se apresentam em uma ação possessória clássica, onde o autor e réu, por argumentar, discutem melhor posse. A concessão de liminar reintegratória – ou sua denegação –, desde pronto, de ordinário, não apresentaria maiores dificuldades a seu exame. A citação de um único réu, com elementos qualificativos nos autos, não se constituiria em qualquer óbice ao bom e regular andamento do feito. Quanto à desocupação, e conseqüente execução do mandado reintegratório, não dependeria de prazos – sequer previstos pelo legislador processual – nem se estaria diante de grave problema social, tal qual observado nas grandes invasões ora em enfoque.

Por tudo, ao fim e ao cabo, forçoso é admitir-se o surgimento de fato novo, tanto no plano do direito material quanto no processual e, assim sendo, insta que seja o mesmo analisado à luz dos Julgados atinentes à matéria sob enfoque, bem como o direcionamento de nossos Tribunais no particular.

Em seguimento, emerge a questão social que sempre acompanha os esbulhos multitudinários. Aqui, por certo, verifica-se a maior necessidade de inteira prudência e cuidado no trato da questão de direito material traduzida a julgamento. São inúmeros os Julgados que, ao enfrentamento do caso concreto, terminam por apresentar votos discordantes, o que está a demonstrar quão tênue e delicado é o entendimento no que toca ao tema em análise. Em sede de julgamento de embargos infringentes, assim decidiu, por maioria de votos, ação reintegratória que bem se presta à ilustrar o assunto aqui versado:

"Resolveram os Juízes do 1º Grupo acolher os embargos infringentes para julgarem a ação improcedente, após longamente debatida a causa, sob todos os seus ângulos, inclusive o social, no caso até preponderante. Consoante argutamente observou o eminente Juiz Antônio Augusto Fernandes, prolator do voto vencido, esta não é uma demanda comum, simplesmente envolvendo, de um lado, o proprietário ou possuidor do imóvel cuja posse alega ter sido turbada e, de outro, o solitário e clássico esbulhador. Aqui está presente, claramente, um outro importante ingrediente a exercer forte influência no espírito do Julgador: uma delicada questão social que a inércia inicial dos autores ajudou a criar.

Ao Juiz não é dado decidir apenas com o sentimento, desde que sua função essencial é fazer cumprir as normas legais vigentes, que se presumem justas e adequadas à solução dos conflitos. Mas também não é ele um frio aplicador do texto, cabendo-lhe interpretá-lo, não raro, à luz da injustiça social, de vez que muitas das normas escritas são vetustas, permanecendo estanques em códigos empoeirados, distantes da realidade atual do país. E *então ocorre o conflito do direito escrito com a justiça ideal, obrigando o julgador a fazer uma consciente opção.* Não é, propriamente, este o caso em tela de julgamento onde a prova não é desfavorável aos embargantes, de modo que sua pretensão pudesse ser deferida unicamente com base na contemplação de suas deficiências sociais, de sua premência de vida, que os impelem a lançar frágeis alicerces e erguer arremedos de casas no primeiro terreno encharcado que encontram abandonado, desprotegido ou malcuidado. Não. Há muitos fatores jurídicos a apoiarem a sua ação, como bem salientou o erudito voto vencido, e que passa a referir. Assim:

Os autores são proprietários, em condomínio, de uma extensa área de, aproximadamente 42 ha de terras, nas proximidades da Cidade de Canoas, e alegam exercer posse efetiva sobre toda ela, mantendo-a devidamente cercada, com cerca de oito fios de arame. Mesmo assim, os réus invadiram parte dessa área, cortando a cerca e instalando 'malocas', o que caracteriza o esbulho. A prova desses fatos, todavia, não foi feita pelos autores satisfatoriamente como lhes competia".[7]

Como se vê, já nesta parcial transcrição do Acórdão trazido à colação, não poucas vezes é enfatizada a questão social que ordinariamente abarca tais invasões coletivas. Faz claro não ser o Juiz um frio aplicador da lei, a qual deverá ser interpetrada, inclusive, à luz da justiça social, qualificando, igualmente, algumas normas legais como vetustas e distantes da realidade social do país. O que se colhe do aresto em tela, por importante, é a afirmação no sentido de que *então ocorre o conflito do direito escrito com a justiça ideal, obrigando o julgador a fazer uma consciente opção.*

E prossegue o Julgado em questão, ao salientar que:

"... esta *não é uma possessória igual a tantas outras*, em que são indivíduos os que contendem. Aqui é uma coletividade que se apresenta como ré. Busca-se reinte-

---
[7] In JULGADOS DO TARGS, n. 51 pp. 160/161.

grar na posse uns poucos e demitir da posse uma comunidade, uma vila. Essa a peculiaridade a destacar desde logo, porque não se encontra na lei solução expressa para hipóteses como a presente.

O direito, ensina Miguel Reale, não se restringe apenas às normas, mas compreende também fatos e valores. Assim, uma visão integral do direito exige, não só no plano da filosofia, mas também e muito mais no da prática judicial, que os julgamentos levem em conta não só as normas legais, estabelecidas para resolver casos que usualmente costumam ocorrem mas também *os novos fatos sociais*, não previstos nas leis, e que devem ser objeto de valoração contemporânea, não necessariamente igual a que fariam os que legislaram no passado.

Lembra Helmut Coing (*Fundamentos de Filosofia del Derecho*) que três são as funções do Juiz: a de aplicar as leis, que é a mais freqüente; a de integrar o direito, através da qual se colmam lacunas e, finalmente, a mais importante, a de fazer justiça. Para o Juiz, o valor 'Justiça' deve estar no ápice da hierarquia dos valores. Constitui, talvez, deformação imputável ao positivismo jurídico a circunstância de no foro indagar-se tanto a respeito da solução legal, e tão menos da solução justa.

Ora, colocado na balança da justiça, de um lado os interesses de três casais, para os quais a área em litígio representa muito, mas não é fundamental, e de outro, os de noventa ou mais famílias, para os quais essa mesma área é condição de vida digna, parece não ser difícil determinar para que lado pende a balança. O Judiciário, por ser um Poder, não pode ficar apenas na posição subalterna de obediência a comandos emitidos pelos demais Poderes. Deve colaborar com o Legislativo e o Executivo na solução dos problemas sociais, especialmente quando se apresentam hipóteses que não se prestam à edição de normas abstratas, exigindo solução concreta, caso a caso.

Não pode o Judiciário ser injusto, aguardando que sobrevenha lei justa, *máxime quando o legislador se omite*, temeroso das conseqüências que possam advir da emissão de norma geral, perigo que o Judiciário pode enfrentar porque suas decisões não são leis, valendo apenas para o caso. *Opus justitiae pax*. É, então de se perguntar qual a solução mais consentânea com a paz social. E a resposta, mais uma vez, pende para os 'vileiros', especialmente se levada em conta a crise econômica que ora atravessamos, com levas de trabalhadores sem emprego, sem casa e sem comida.

Afirmou-se, no início, não se encontrar na lei solução expressa para o caso dos autos, o que não é verdade, porque a Constituição, que é a Lei Maior e prepondera sobre qualquer outra, *consagra a função social da propriedade*".[8]

Conforme visto, salienta novamente o Julgado não ser aquela uma ação possessória comum, como tantas outras, bem como é ressaltada a omissão do legislador e, por fim, enfatiza a consagração da função social da propriedade pela Magna Carta. É certo que não se cuida de uma ação possessória comum, isso na exata medida em que é postulada a retirada de uma vila clandestina de uma propriedade privada aqui ponderadas as conseqüências daí decorrentes. Este o objeto da presente abordagem. Do mesmo modo, é atacada a postura omissiva do legislador, bem como o princípio constitucional que consagra a função social da propriedade.

Novamente, depara-se o operador do direito com delicada questão a reclamar seu desate, pois no plano argumentativo, e agora em tese se fala, argumentos outros, de igual hierarquia normativa, poderiam ser utilizados para embasar decisão diversa envolvendo caso idêntico, como é cediço. Daí o vislumbrar quão complexo se apresenta o tema vertente. Do Acórdão antes par-

---

[8] idem, pp. 163/164.

cialmente transcrito, foram pinçadas passagens integrantes de votos vencedores, o que em nada estão a desmerecer a excelência da manifestação de quem vencido votou, o que torna palmar o conflito observado. Não se olvida que a Constituição Federal consagra a função social da propriedade, como também não é menos consagrado o direito ao domínio. De ser notado, que a questão é defensável por qualquer ângulo que seja abordada. Daí sopesar o judicioso conteúdo do voto vencido que integra o mesmo aresto, para que somente então, se possa cotejar, no plano crítico, os variados entendimentos emprestados àquele *decisum*.

Plasmado resultou que:

"... no momento em que a soberania do Estado se tripartiu em funções específicas, atribuiu-se ao Judiciário a *função jurisdicional*. Nunca é demais insistir-se que ao Judiciário cabe aplicar o direito (dizer o direito) às situações contenciosas para que prevaleça o valor *justiça*. Não é *justa* a solução jurisdicional que afronta o *direito*. Pode ser caridosa, quando muito. Mas não é função do órgão jurisdicional praticar a caridade, no sentido popular do termo, isto é, condoendo-se diante de uma situação social e buscando superá-la no bojo do processo, ao arrepio da lei, por motivos meramente morais. Na cena judiciária, o conceito de justiça conforma-se ao conceito de direito. E, se não se confunde com a legalidade, não pode aberrar ao ordenamento jurídico posto. Aqui, o conceito de justiça não se confunde com a moral.

Armando Câmara, analisando o gênese do conceito de justiça, ressalta que o 'homem constrói normatividades' e acrescenta que, na busca da justiça, se deve ir ao direto, porque: 'O direito é a objetivação da justiça, é a justiça objetivada. E nós podemos apreender a justiça tão-só pelo caminho de sua objetivação. Havendo apreendido normas, devemos fazer um esforço indutivo para vermos o *valor* que se ocultam nessas normas e nelas se expressam. Este valor é a justiça. O comportamento humano que encontramos é um comportamento humano no qual já se fazia sentir, espontaneamente, a existência de normas. É um comportamento humano no qual já está a idéia de justiça' (Ajuris, 3/145). Ora, a justiça prestada pelo órgão jurisdicional é a justiça que flui do direito. Não a justiça moral. E se a norma legal não aberra ao direito, impõe-se ao Juiz aplicá-la, ainda que lhe pareça injustiça. Mesmo que o faça constrangidamente. O princípio da divisão dos Poderes do Estado (ou da divisão das funções da soberania do Estado) *veda* ao Juiz a não-aplicação da lei, ou porque não comunga com suas raízes, ou porque lhe desagradam as conseqüências. O Judiciário não formula regras jurídicas. Não é da sua competência. O Legislativo elabora as leis. O Judiciário interpreta-as, colmando lacunas, quando presentes, visando à justiça.

Mas não colhe alegar-se lacuna, se a norma se mostra plena. Nem colhe remeter-se à interpretação do claro, do meridiano, do definido, do legalmente gizado, para obviar-se uma dolorosa situação que pode e deve encontrar solução por ato da *administração* (função executiva da soberania estatal). O Judiciário, na busca da justiça, completará a lei lacunosa, lapidará as arestas injustas da lei, emprestar-lhe-á uma valoração que fuja à simples e mera redação, *mas não pode negá-la.*

Quando o art. 5º da Lei de Introdução ao CC prescreve que, 'na aplicação da lei, o Juiz atenderá aos fins sociais a que ela se dirige e às exigências do bem comum', está afirmando que o direito positivo se coloca como regramento das relações inter-subjetivas visando à paz social e ao bem comum. Não está, porém, dizendo que as normas do direito privado que atribuem direitos ao cidadão devem ser desconsideradas pelo Juiz ou devem ceder em face de pressões de ordem social. Provando a parte o seu direito, faz-se justiça dizendo o direito e garantido-o. Não provando a parte o seu direito, não se lhe faz justiça, deferindo-o.

No caso presente, o problema social dos embargantes, soluciona-se através da desapropriação do imóvel, da competência do Estado-Administração. A função social da propriedade, conforme, como definida na CF, justamente, impõe-se, corretivamente, através do processo expropriatório. As normas de direito privado acerca da proteção possessória não são injustas. Não aberram ao direito. Não ferem sequer a lei natural. Não é, pois, o caso de se aguardar a criação de uma lei justa, ou a derrogação da lei injusta.

Deferir-se em favor de quem não tem direito para posse de um imóvel somente porque se trata de uma vila popular, para obviar-se uma *crise social* e porque não é moralmente justo, é praticar-se o confisco através da jurisdição. E o confisco aberra à lei, ao direito e à justiça. Com a devida vênia, a pior das ditaduras é a ditadura do Judiciário. No momento em que o Judiciário se contrapõe ao ordenamento jurídico, para realizar a reforma social que este país está necessitando, subverte a ordem jurídica que lhe cumpre defender e extrapola os limites de sua função".[9]

Com efeito, desnecessário se torna enfatizar o choque das teses, esposadas pelos integrantes do Grupo, o que está a emergir de forma clara. Da forma que apresentadas as discordâncias observadas ao exame dos votos proferidos, tal se mostra como verdadeiro desafio a qualquer operador do direito, instigando à tomada de posição. Em situações tais, como a do esbulho coletivo, ao exame do caso concreto, encontra-se verdadeira gama de teses, judiciosas e defensáveis em sua totalidade, conforme já afirmado, instando o posicionamento.

Contudo, não poderiam passar sem qualquer alusão, algumas manifestações integrantes do Voto venci-

---

[9] idem, pp. 164/165.

do antes transcrito. Refere-se o mesmo a situações de todo importantes no plano desta abordagem. Primeiramente, no que diz com a própria Administração, também ali definida como "função executiva da soberania estatal", a qual acha-se em verdadeiro estado omissivo.

Então, é cristalino o Julgado, no sentido de que ditas invasões coletivas poderiam encontrar cômoda solução no âmbito do Executivo, salientando que reside no processo expropriatório o remédio adequado para o equacionamento de tais impasses. Adiante, aduz o mesmo Voto que deferir-se em favor de quem não tem direito para posse de um imóvel somente porque se trata de uma vila popular, para obviar-se uma crise social e porque não é moralmente justo, é *praticar-se o confisco através da jurisdição*. E o confisco aberra à lei, ao direito e à justiça.

Daí não se poder desconsiderar posicionamento assim manifestado. Deixa claro o Voto, que provado o direito da parte, se fará justiça dizendo e garantido tal direito. Demais, bem salientada ainda, é a circunstância relativa ao fato de que as quase centenárias normas de direito privado acerca da proteção possessória não são injustas, não ferindo ao direito e sequer à lei natural. Portanto, seria o caso de se desconsiderar as normas de direito privado, que atribuem direitos ao cidadão, em face de pressões de ordem social? E o Poder Judiciário, deverá ser tributário à tal subversão?

Então o inteiro cabimento do já surrado brocardo, no sentido de que:

"... se não podem existir Juízes do governo, da mesma forma, não se pode cogitar acerca de um governo de Juízes. Enquanto a questão possessória envolvia indivíduos, em sua forma clássica, tinham inteira aplicação os pressupostos normativos atinentes aos interditos, reintegrando-se, manutenindo-se e proibindo-se, inclusive *initio litis*, uma vez preenchidos os pressupostos legais para tanto. Ao aflorarem as invasões coletivas, como

fatos sociais novos, passou-se a emprestar à lei interpretação diversa, estribada em exegese eminentemente factual, que beiram ao confisco do patrimônio alheio, como se ao Judiciário fosse dado legislar também nesse plano. Atender aos fins sociais da lei, bem como as exigências do bem comum, conforme preceituado no art. 5º da Lei de Introdução do Código Civil nunca significou negar sua aplicação. Sonegar-se jurisdição ao caso concreto, isto sim, emerge como solução inconcebível no âmbito do Estado de Direito, mormente em se tratando de verdadeira inobservância de direitos constitucionalmente tutelados.

Não se olvida ser gravíssima a questão social ora vivenciada no País. Todavia, como é bem de ver, cabe à Administração a solução de tais impasses, não ao Poder Judiciário. Mas ainda, ditos movimentos invasores, cometeram considerável equívoco ao assumirem abertamente a condição de movimento político. Conforme publicação recente, ao atrelar os interesses da reforma agrária à carruagem partidária e ideológica de determinado partido ou corrente política, o MST corre o risco de ver a eficácia de suas ações prejudicada por injunções eleitorais, partidárias ou ideológicas. Apesar da tradicional e universal carga política que pesa sobre a questão da terra, não há dúvida hoje de que a reforma agrária é muito complexa para ser conduzida por parâmetros que não tenham a predominância técnica. Independentemente de quem detenha a bandeira só pode haver reforma agrária se ela for eficaz na fixação do homem no campo e garantir sua inserção numa estrutura de produção que lhe garanta um mínimo de qualidade de vida".[10]

Por derradeiro, transcreve-se parcialmente Julgado que abordou questão *consimilis,* assim manifestando-se o prolator do Voto aqui vertido:

---
[10] Editorial, ZH, 19/12/97.

"Além disso, eu prefiro, ainda, em que pese tais problemas sociais, adotar a solução da lei para que continue assegurado um outro aspecto, também social, do direito, que é o legítimo direito de propriedade e de posse. Se a sentença examinou bem a questão e concluiu, diante das provas e, até mesmo, diante da ausência de contestação, no sentido de que o autor tem o direito que alega, nós não podemos, em nome de um inexistente direito alternativo, dar guarida a grileiros, exploradores, na verdade, de uma indústria nova que surgiu em nossa cidade, por força de cobertura de políticos inescrupulosos: a indústria da posse, que tem enriquecido alguns grileiros profissionais, que usam os pobres para fazerem invasões e, pouco tempo depois, serem expulsos das áreas pelos próprios grileiros que as vendem a terceiros. Portanto e, por tudo isso, prefiro manter a decisão recorrida em toda a sua plenitude, a fim de não decidir *contra legem*, porquanto, na prática, a condição imposta para confirmar a sentença é o mesmo que, na prática não confirmá-la.

O tal direito alternativo, que defende, até mesmo decisões *contra legem*, tem muito de subjetivismo. O que parece ser justo a um juiz, pode não sê-lo para outro e nós, juízes, não podemos jamais nos igualar aos demagogos que querem fazer justiça social às custas do patrimônio alheio. Nosso parâmetro é a lei interpretada teleologicamente.

É como voto".[11]

---

[11] Revista Jurídica, 197, março de 1994, pp. 79/80.

II – Da dispensa da audiência de justificação prévia no esbulho coletivo

O ato esbulhatório, como sabido, está a depender de plena demonstração, pelo esbulhado, à sua configuração. Tanto é assim, que determina de forma imperativa o art. 927 e seus incisos do CPC, que ao autor incumbre provar a sua posse; a turbação ou o esbulho praticado pelo réu; a data da turbação ou do esbulho, bem como a continuação da posse embora turbada na ação de manutenção e a perda da posse, na ação de reintegração.

Assim, a ocorrência do esbulho possessório haverá de ser provada, ainda que em sede de audiência de justificação prévia, sem o que não se cogitará acerca da concessão da liminar postulada.

Se por expressa determinação legal é assegurada ao autor a sua reintegração na posse espoliada, conforme salienta Adroaldo Fabrício, o artigo, cujo teor por si mesmo revela conteúdo de direito material, define o mais significativo dos efeitos da posse, que é o de assegurar ao possuidor o tranqüilo exercício do poder fático sobre a coisa. A fórmula é praticamente idêntica à do art. 499 do Código Civil (com substituição, apenas, da palavra *restituído* por *reintegrado*).

Nada tem a ver o dispositivo, ainda, com o procedimento especial da ação de força nova, ou sequer com o direito processual. Serve apenas de introdução à Secção em que daquele procedimento se vai tratar, adiantando as duas modalidades de proteção possessória aí contempladas.[12]

A espoliação ou esbulho produz como resultado a perda da posse, arrebatada pelo ofensor. Já a turbação tolhe ao possuidor a plenitude do exercício do poder fático, mas ele continua a possuir, não chegando a ser despojado desse poder. Como é lógico, a correção da situação resultante de uma ou de outra forma de ofensa por via judicial terá de empregar técnicas distintas, eis que diversas são as conseqüências da ofensa.[13]

Tratando da tutela provisória, prossegue o mesmo autor, afirmando que o que caracteriza como especial o procedimento das ações possessórias é a existência de uma fase preliminar que o ordinário não comportaria (a questão atinente à tutela jurisdicional antecipada será oportunamente abordada). Toda essa fase, após a qual o rito é ordinário, orienta-se no sentido de uma decisão concessiva ou denegatória do mandado liminar de manutenção ou reintegração. Essa concessão condiciona-se a determinados requisitos, que são arrolados no art. 927 e cuja apuração constitui precisamente o objeto dessa fase do procedimento. O ônus de provar – e antes dele o de alegar – a ocorrência desses requisitos, pesa, como de regra, ao autor. Se não os prova, a conseqüência não é, entretanto, a desestimação da demanda possessória, mas sim e somente a denegação do mandado liminar: é exclusivamente de sua expedição ou não que se cogita nesse estágio.[14]

No mesmo sentido, o magistério de Ovídio A. Baptista da Silva, ao referir que a especialidade das ações possessórias tratadas pelo Código decorre das disposições constantes dos arts. 928 e 929. As ações possessó-

---

[12] Fabrício, Adroaldo Furtado, op. cit., p. 542.
[13] Idem, p. 543.
[14] Idem, p. 545.

rias, ditas interditais, tornam-se *especiais* por ensejarem a emissão de sentenças liminares antecipatórias de certos efeitos da correspondente sentença final de procedência. A especialidade, aqui, é mais profunda e radical do que seria se apenas se invertessem, fases do "processo de conhecimento". A antecipação de eficácias das respectivas sentenças de procedência importa, no caso das ações possessórias, na antecipação da fase, ou daquilo que, nas ações condenatórias, seria a futura ação executória. Se a ação for de reintegração de posse, a medida liminar será executiva; se de manutenção de posse, o que se antecipa é o efeito mandamental da futura sentença de procedência.

As liminares possessórias não são cautelares, como muitos afirmam. Por duas razões fundamentais não o são:

a) a concessão dessas liminares não exige a existência do que a doutrina considera essencial para a tutela cautelar, indicado como *periculum in mora* e que nós preferimos chamar *dano irreparável*;

b) as liminares possessórias têm caráter *antecipatório* das respectivas sentenças de procedência, o que, por si só, já seria suficiente para excluí-las da categoria das cautelares.[15]

Pois bem, como se depreende da doutrina aqui trazida à colação, novamente temos em questão o exame de circunstâncias processuais ocorrentes em interditos clássicos, onde vale repetir-se, litigam um autor e um réu. Todavia, a presente abordagem se propõe ao enfrentamento de questão diversa, não no plano do direito material ou processual, mas sim, no que diz com a usurpação e espoliação coletiva e, conseguinte, com o litisconsórcio multitudinário daí decorrente. Em sendo assim, emerge o questionamento: sendo o esbulho mul-

---

[15] Silva, Ovídio A. Baptista da. *Procedimentos Especiais*, Aide, 1989, 1ª edição, Rio de Janeiro, pp. 262/263.

titudinário fato notório, uma vez, provados pelo esbulhado os requisitos processuais para tanto, se faz necessária a designação de audiência de justificação prévia? O entendimento é no sentido de sua desnecessidade, por óbvio.

Aqui, mais uma vez, em muito difere a invasão coletiva daquele clássico esbulho, onde litigantes discutem melhor posse. Tanto é assim, que nas ações possessórias menos complexas, o deferimento de eventual liminar reintegratória (ou sua denegação), não raro, somente se dá após a realização de prévia audiência de justificação, onde se dará a coleta inicial da prova sem o que, poderiam faltar elementos seguros de convicção aptos a amparar a sua concessão. O próprio caráter coletivo desse tipo de invasão presta-se, à evidência, a tornar-se pública e notória, quer pela relevância do fato em si mesmo, quer pela divulgação que ordinariamente é observada em situações tais. Ocorre que o universo de indivíduos participantes de uma invasão coletiva, tanto urbana quanto rural, não passa despercebido aos olhos de uma comunidade, isso por suas peculiaridades próprias, podendo ser citadas a construção de barracos, derrubada de cercas e todo e qualquer outro ato de exteriorização da violência, o que bem se presta a publicizar a espoliação perpetrada. Então trazer consigo, por certo, o esbulho coletivo, a clara idéia de ação praticada por determinado grupo invasor, o que se torna palmar, ante ao forte apelo social que ditos movimentos carregam em seu bojo. Daí a fácil constatação de notoriedade observada no particular. E se de fato notório se cuida, certo é por força de expresso pressuposto normativo processual, que tais ocorrências prescindem de comprovação probatória, isso nos exatos termos do art. 334, I, do CPC.

Fato notório, é o de conhecimento pleno pelo grupo social onde ele ocorreu ou desperta interesse, no tempo e no lugar onde o processo tramita e para cujo deslinde sua existência tem relevância.[16] Notória por definição a invasão coletiva, bastará ao esbulhado demonstrar os requisitos reclamados pelo art. 927 e seus incisos do CPC, para que, *inaudita altera pars* seja acolhida a postulação liminar. De serem transcritos precedentes jurisprudenciais que bem se prestam a ilustrar, o capítulo que ora se aborda:

"POSSESSÓRIA REINTEGRAÇÃO *INITIO LITIS*. DISPENSABILIDADE DA AUDIÊNCIA PRÉVIA. Se a inicial vem acompanhada de prova documental idônea quanto à posse, e sendo notória a invasão da área, pode ser deferida liminar de reintegração sem a realização de prévia audiência de justificação. Documento oficial, provindo de órgão encarregado do combate à febre aftosa, acompanhada de ficha do criador, dando conta da existência de elevado número de cabeças de bovinos, ovinos e eqüinos na área, serve à comprovação da posse. Amplo noticiário da imprensa a respeito, torna notória a invasão e o conseqüente esbulho, remediável pela reintegração *initio litis*. Interpretação do artigo 928 combinado com o artigo 334, inciso I, do CPC".

São passagens do Aresto em tela:

"Normativamente está o Juiz autorizado a mandar expedir mandado reintegrando liminarmente o possuidor esbulhado na posse do imóvel, desde que a inicial lhe forneça elementos de uma sumária convicção quanto aos fatos da posse e do esbulho; caso contrário, deve oportunizar que o possuidor que alega ter sofrido o esbulho em sua posse, em audiência prévia de justificação, comprove os fatos em que fundamenta sua pretensão à tutela possessória (art. 928, do CPC, e art. 499 do CC).

---
[16] Nery Júnior, Nelson. *CPC Comentado*. RT, 1997, p. 618.

Se é certo que apenas em circunstâncias especialíssimas a audiência de justificação é de ser dispensada, a verdade é que, no caso, ela se revelava inteiramente desnecessária. É que a agravada, através de documentos, que acompanhavam a inicial, demonstrara que se encontrava exercendo a posse sobre a área em que se localiza a Fazenda Buriti, mantendo bovinos, ovinos e eqüinos em grande quantidade, fato que, sem sombra de dúvidas, exteriorizava a posse da agravada. Tais documentos, por provindos de órgão da Secretaria da Agricultura encarregado do controle de febre aftosa e constante de ficha de criador, são hábeis à demonstração da posse da agravada relativamente à área invadida. O fato da invasão da Fazenda Buriti e o conseqüente esbulho possessório, ganharam notoriedade através do amplo noticiário da imprensa. Fatos notórios, como sabido, independem de prova (artigo 334, inc. I do CPC). E se isso não bastasse, o fato da invasão, materializadora do esbulho possessório, encontra ressonância no comunicado que o comando regional da Brigada Militar encaminhou ao Juiz.

Havia nos autos, destarte, suficientes elementos de convicção quanto aos fatos, de modo a autorizar que o Juiz, sem prévia audiência de justificação, deferisse à agravada a reintegração *initio litis*. O despacho concessivo da liminar está bem fundamentado e não merece qualquer censura.

Sem qualquer fomento jurídico e sem razão os agravantes na censura lançada ao Magistrado por ter oportunizado a que a autora-agravada emendasse a inicial. A sua sem-razão se evidencia da simples e proveitosa leitura do disposto no artigo 284 do CPC.

As demais questões ventiladas pelos agravantes, embora mereçam consideradas e refletidas com seriedade, e não de forma insensata e oportunista, por todos aqueles que efetivamente possam e buscam resolvê-las, por metajurídicos, não têm o condão de alterar a decisão agravada, que se ajusta e adequa ao ordenamento jurídico vigente".[17]

Também perfeitamente adequado ao tema sob enfoque o Julgado que vai assim transcrito:

"AGRAVO DE INSTRUMENTO. O fato público e notório caracterizador de esbulho e praticado por grande e ilimitado número de pessoas independe de comprovação para ensejar a reintegração liminar e dispensa a discriminação nominal de todos os invasores. A interpretação dos textos legais não pode ser estrita, a ponto de impedir a garantia dos direitos individuais. A concessão de liminar era medida que se impunha, posto que o esbulho possessório, fato público e notório, independia de comprovação em juízo (Código de Processo Civil, artigo 334, I). A Audiência de justificação realizada era absolutamente desnecessária e, destarte, a liminar poderia e deveria ser concedida sem aquela providência e sem o conhecimento da parte contrária (Código de Processo Civil, artigo 928).

De outra banda, é absurdo pretender que os autores de uma possessória, visando resguardar seus interesses sobre imóvel invadido por um número grande e ilimitado de pessoas, que podem ficar em constante movimentação, discrimine nominalmente todos os invasores.

O problema social dos denominados *sem terra* é relevante, mas se constitui em problema do governo, ao menos para as primeiras soluções, sendo indubitavelmente injusta e injurídica a iniciativa de procurar resolver a questão sobre interesses de particulares, cujos direitos devem ser resguardados. O contrário é o caos, a desorganização, a ausência de segurança, os limites do fim do convívio social.

---

[17] TARGS, Agravo de Instrumento nº 188089379, 6ª Câmara Cível, Santo Ângelo, Rel. Juiz Moacir Adiers, 16/11/89.

O aspecto levantado de dúvidas sobre a posse e o domínio da área de que se trata, por existência de doações e arrendamentos, é completamente irrelevante. Os diretamente prejudicados, se há, os que busquem os seus direitos individualmente e na forma da lei".[18]

Nos termos em que exposta a questão, insta que se proceda à análise de algumas ponderações adotadas nos Julgados antes parcialmente transcritos, isso com o fito de serem ressaltados determinados posicionamentos inteiramente relevantes ao exame da matéria no que diz com a total desnecessidade de realização da audiência de justificação prévia em situações tais.

Como é bem de ver, relativamente ao primeiro acórdão antes alinhado, no julgamento do agravo de instrumento que se insurgia contra a não-realização de audiência de justificação pelo juízo de primeiro grau, bem ressaltado restou que a inicial se fez acompanhar de prova suficiente e idônea apta ao pronto deferimento da liminar postulada. Como sabido, no âmbito das ações interditais, o ônus da prova está, ordinariamente, a cargo do autor, a quem incumbe demonstrar não só a sua posse, como a moléstia que lhe fez o réu. "No possessório, como é curial, a solução da demanda quase sempre gira em torno da prova, já que se cuida de situação eminentemente fática".[19]

"Demais disso, não passou despercebida a circunstância relativa ao amplo noticiário da imprensa a respeito, o que tornou notórios a invasão e o esbulho, este remediável pela reintegração *initio litis*. Outra não foi a solução vertida no aresto seguinte, onde é ressaltada a notoriedade do ato esbulhatório, esse levado a efeito por grande e ilimitado número de invasores, o que esta-

---

[18] TARGS, Agravo de Instrumento nº 188013759, 4ª Câmara Cível, v.u., Rel. Juiz Talai Djalma Selistre, 1988.

[19] TAMG – Apelação Cível nº 16.250, *in Posse e Propriedade* – Humberto Theodoro Júnior, Leud, 3ª Ed., p. 296.

ria a autorizar a dispensa daquela audiência preliminar, fato que por si só independe de qualquer outra comprovação.

E se de matéria probatória se cuida, emerge a notoriedade do fato como sendo uma daquelas noções a que se costumou, por iniciativa do processualista Stein, denominar *máximas da experiência, ou regras da experiência*, isto é, juízos formados na observação do que comumente acontece e que, como tais, podem ser formados *em abstrato* por qualquer pessoa de cultura média.

Com efeito, em cada esfera social, da mais letrada à mais humilde, há uma porção de conhecimentos que, tendo passado por uma experiência contínua e prolongada, ou, quando não, pelo crivo da crítica coletiva, fruto da ciência, da arte, da técnica ou dos fatos cotidianos, faz parte de sua *communis opinio*. É certo, por outro lado, que essa *communis opinio* pode variar, conforme o lugar, o tempo, o progresso da ciência técnica, as transformações políticas, sociais, religiosas, etc., mas não deixa de ser também certo que as afirmações nela fundadas, por qualquer membro da esfera social, em que se formou, adquirem autoridade que a afirmação individual não pode Ter, porque aquela traz consigo e resulta da crítica e da apuração coletiva.

Assim como essas noções – máximas da experiência - , certos *fatos* fazem igualmente parte da *cultura* de determinada esfera social. Fala-se, então, de *fatos notórios*, como tais considerados *"aqueles fatos cujo conhecimento faz parte da cultura normal própria de determinada esfera social no tempo em que ocorre a decisão"*.[20]

No mesmo passo, não há como ser olvidado o caráter coletivo do esbulho perpetrado em se cuidando de invasões que carregam em seu bojo tal peculiaridade. A multidão, o universo coletivo, o grande e ilimitado nú-

---

[20] Santos, Moacyr Amaral. *Comentários ao Código de Processo Civil*, v. IV, 3ª ed. São Paulo, Forense, 1982, pp. 36/37.

mero de pessoas a figurar no pólo passivo da ação interdital assim posta, mais e mais fortalece o entendimento no sentido de que deverá a liminar ser deferida de pronto, ensejando, inclusive, a dispensa da discriminação nominal da totalidade dos invasores, o que fatalmente decretaria a eternização do feito. Concedida a liminar, portanto, esgota-se a prestação jurisdicional pertinente àquela primeira fase do procedimento especial trazido a julgamento. Remanesce, contudo, o problema social, esse também não menos notório. Resta ao Julgador, em situações tais, determinar-se e agir observando os estreitos limites a si reservados. É certo que silencia o legislador no que diz com a concessão de qualquer prazo para a Execução da ordem liminar. Ainda assim, como se verá, soluções dessa ordem, dentre outras cautelas, vêm sendo comumente adotadas, via construção pretoriana — como é bem de ser ressaltado — observando-se, no particular, o deslinde satisfatório de inúmeros conflitos possessórios, tanto no plano jurídico quanto no social.

III – Do deferimento da liminar possessória no esbulho coletivo

Emerge como providência inafastável, em situações tais, a concessão da liminar postulada, bastando, para tanto, desincumbir-se o esbulhado do ônus probante a que está obrigado por força de determinação legal expressa. Outra não poderia ser a solução, mormente em se tratando de invasões multitudinárias. Desde logo, e ponderadas as peculiaridades da matéria sob exame, insta que se reconheça, *prima facie*, a existência de vícios objetivos gritantes, a macular aquela posse. Por qualquer prisma que se venha a examinar a questão de fundo, verifica-se a clara ocorrência de *posse injusta* por parte dos invasores, em qualquer de suas modalidades.

"E se de *posse injusta* se cuida, vez que *justa* é aquela preconizada pelo art. 489 do Código Civil, ausente violência, clandestinidade ou precariedade, é de ser concedida, desde pronto e *inaudita altera pars*, o pedido liminar formulado. E mais, ainda que se cuide de liminar não pedida expressamente na inicial, se a parte demonstrou que a posse é de força nova e que o procedimento imprimido é o especial, ainda assim, nada obsta que o juiz conceda a liminar mesmo que não pedida na exordial. O juiz poderá concedê-la *ex officio*, em nome do princípio do impulso oficial (art. 262)".[21]

---
[21] Néry Júnior, Nelson. *Código de Processo Civil Comentado*, RT, 3ª Ed., 1997, p. 966.

"Com efeito, a conclusão a que se chega é inteiramente lógica. Vale reprisar, que em hipótese alguma, é admitida a aquisição da posse mediante tal proceder, bem como, decorre de pressuposto normativo expresso, a máxima no sentido de que *não induzem posse os atos de mera permissão ou tolerância, assim como não autorizam a sua aquisição os atos violentos, ou clandestinos, senão depois de cessar a violência ou a clandestinidade* (sic), isso nos exatos termos do artigo 497 do Código Civil. Dessa forma, não há como se cogitar acerca de posse justa derivada de ato violento – e a invasão se constitui ato violento por definição. Do mesmo modo, inegavelmente injusta, se apresenta a posse revestida de clandestinidade, estabelecida às ocultas daquele que tem interesse em conhecê-la.[22] Em se tratando de invasões coletivas, portanto, quer urbanas ou rurais, a prática de esbulho ou turbação pelos violadores mostra-se palmar e cristalina. Conforme já enfatizado, trata-se de *posse-má*, eivada de vícios de origem, de clandestinidade ou violência, quando não de ambos. Tais atos espoliativos, perpetrados contra o legítimo possuidor, notadamente tratando-se de processos invasivos a cargo de uma coletividade, sem que aos violentadores venha assistir qualquer direito ou autoridade, não estão a merecer qualquer guarida, quer no plano ético, jurídico ou social. Em situações tais, é de rigor a concessão do pleito liminar perseguido.

Todavia, e mesmo assim, à evidência que não decidirá o juiz, tão delicada, questão, sem a tomada de cautelas outras, inarredáveis ao exame da matéria. Conforme adverte Adroaldo Fabrício, 'freqüente a referência dos Julgados à *grande autonomia*' ou '*largo arbítrio*' do juiz no exame e avaliação dos documentos produzidos com a inicial. É necessário cuidado em tal matéria.

---

[22] Diniz, Maria Helena. *Curso de Direito Civil Brasileiro*, Editora Saraiva, IV, vol., 13ª Ed, p. 57, 1997.

Certo, trata-se de cognição sumária e de convencimento provisório, e por isso se justifica que o juiz seja menos exigente do que ao examinar o material probatório com vistas ao julgamento definitivo. Mas isso não envolve verdadeiro arbítrio judicial: rege, também aqui, o princípio segundo o qual o convencimento judicial é livre, mas necessariamente racional.

A decisão em causa, que visa a assegurar, quanto possível, já no curso do processo, a observância do *quieta non movere*, pode envolver enormes repercussões econômicas e sociais, e disso há de estar consciente o juiz ao proferi-la. Arbítrio só pode haver aí se tomada a palavra no sentido (impróprio) de maior liberdade de que a usual na avaliação dos elementos de prova. 'Devidamente instruída' significa ilustrada suficientemente para, pelo menos, convencer o juiz da plausibilidade do alegado pelo autor. Um importante aspecto a considerar é que, neste caso, o mandado é expedido sem conhecimento prévio do réu sequer quanto à existência do processo, diversamente do que ocorre quando precede justificação".[23]

Como se vê, ao recomendar "certo cuidado em tal matéria" e que deverá estar consciente o Juiz ao proferir tais decisões, o que pode envolver enormes repercussões econômicas e sociais, tal não pode se confundir com denegação da liminar, mas prudência no seu conceder. É sabido que nos dias atuais são utilizados prazos para as desocupações - ainda que sequer previstos em lei - , bem como inúmeras cautelas pelo decisor isso visando seja a desocupação efetivada do modo menos traumático possível, ou quiçá de forma pacífica. É importante que reste inteiramente clara a circunstância de que o fato de o juiz conceder desde logo a liminar, tal não implica seu imediato e açodado cumprimento, como se verá.

---

[23] Fabrício, Adroaldo Furtado. Op. cit., pp. 551/552.

IV – Da execução da liminar possessória no esbulho coletivo

Novamente aqui, silencia o legislador processual, no tocante ao prazo a ser observado para o cumprimento da liminar de reintegração ou manutenção concedida. Conforme já abordado, não há qualquer previsão nesse sentido, mormente se levado em conta, que não previu, de forma expressa ou mesmo diferenciada o CPC, situações onde se verifica uma coletividade a figurar no pólo passivo da ação interdital. Prescreve o art. 928 do CPC:

"Estando a petição inicial devidamente instruída, o juiz deferirá, sem ouvir o réu, a expedição do mandado de liminar de manutenção ou de reintegração; no caso contrário, determinará que o autor justifique previamente o alegado, citando-se o réu para comparecer à audiência que for designada" (sic).

Em assim sendo, vale reprisar que aqui não se trata de uma ação possessória como tantas outras, onde comumente se apresentam esbulhado e esbulhador, de forma singular, a integrar os pólos ativo e passivo da relação processual. Tal situação, por sua relevância social, está a exigir a tomada de cautelas outras por parte do julgador, não só no que diz com a concessão da liminar perseguida cujo deferimento emerge como solução inafastável. Concedida, portanto, a *sentença liminar antecipatória de certos efeitos da correspondente sentença final de procedência*,[24] poderá o juiz, ponderadas as peculiaridades vertentes do caso concreto, conceder prazo razoável para Execução da medida, bem como tomar cautelas outras visando ao seu cabal cumprimento, tais como isolamento da área invadida, vedação de acesso ao local, organização da desocupação com a requisição de força especializada, isso visando ao efetivo cumprimento da ordem.

Como se vê, tais cautelas e cuidados resultam de criações pretorianas, atualmente já largamente adotadas por nossos Tribunais, sensíveis e atentos ao caráter traumático que está a envolver a desocupação de áreas invadidas por grupos organizados, compostos por incontáveis esbulhadores. Daí o acerto da decisão que contempla a concessão de prazos e a tomada de medidas acautelatórias outras, em se cuidando de execução de liminar reintegratória que visa a restituir imóvel ocupado por uma coletividade.

Na esteira da matéria aqui abordada, é de ser transcrita decisão que negou seguimento a recurso de agravo interposto pelo esbulhado, contra decisão que concedeu prazo para desocupação de área invadida, quando pretendia o proprietário fosse a ordem liminar executada imediatamente.

"Decisão. Liminar reintegratória deferida ao agravante, fixado o prazo de 10 (dez) dias para a desocupação voluntária. A decisão está fundamentada nos seguintes pontos:

a) considerações sobre a ausência de previsão específica para as invasões no regramento do Código Civil;

b) falta de prazo legal – no CPrCv – para a execução da liminar reintegratória;

c) exemplos de conflitos graves nas questões fundiárias, inclusive com mortes;

---
[24] Silva, Ovídio A. Baptista da. Op. cit. p. 263.

d) facilidade do aumento de invasores, pois há concentração de participantes do movimento em fazenda lindeira;

e) necessidade de isolar a área (vedação de acesso) e organizar a desocupação, através da utilização de *força especializada*, 'para que não se repitam fatos como os recentemente ocorridos no País';

f) existência concomitante de outra invasão – Fazenda Butiá, na Comarca de Camaquã -, exigindo também a utilização dos efetivos especializados da força pública;

g) fixação de local para o destino dos esbulhadores;

h) autorização do uso de força, findo o prazo concedido;

i) cientificação ao Comando da Brigada Militar, 'a fim de que mobilize as forças policiais necessárias';

j) ciência imediata da demanda e deferimento da liminar para as autoridades 'direta ou indiretamente envolvidas no processo de reforma agrária'.

Agravo. Tempestivo e preparado.

Fundamentos:

a) fundamentos incapazes de justificar a dilação, olvidando fatores importantes (sejeição de crianças e brigadianos à intempérie; perda de parte da pastagem de inverno; danos à propriedade pela feitura de trincheiras; dificultação do trabalho posterior da Brigada Militar, pois tais obstáculos seriam aumentados e aperfeiçoados);

b) fácil retorno dos invasores, os quais haviam saído de propriedade lindeira..

Junta cópias da inicial e documentos, e do *decisum*. Pede que a Corte determine a imediata retirada dos invasores.

É o relatório. Decido.

1. O magistrado *a quo* reconhece a existência do esbulho e do direito à reintegração de posse, deferindo-a,

tanto que a irresignação volta-se ao decêndio estabelecido para a desocupação voluntária.

No aspecto processual, as referências à expedição do mandado reintegratório sem ouvida da parte contrária (art. 928), ou 'logo' (art. 929), sugerem o seu cumprimento de acordo com as regras gerais, ressalvados os casos onde se determina seja incontinenti. Logo, quanto ao detalhe, é irrelevante a falta de dispositivo específico.

Porém, a justificativa do juiz está adequada e pertinente ao objeto da discussão judicial. Transita com desembaraço entre os valores jurídicos e políticos envolventes da lide, igualmente garantidos pelo ordenamento jurídico pátrio (direito de propriedade, apoio institucional do Estado para cumprir a decisão judicial, e proteção das pessoas, não obstante artífices de grupo organizado).

De outra parte, reconheço a dilargação do prazo atenção a aspectos estreitamente ligados ao caso concreto, principalmente no que toca ao gerenciamento do conflito, na comarca, aliado à praticidade e efetividade das decisões judiciais.

Nestas condições, a concessão de prazo não desfigura o regular processamento da ação possessória. Tendo o agravo sido interposto para executar imediatamente a liminar, a falta do adiantamento neste grau faz com que perca a condição de viabilidade.

2. Isto posto, nego seguimento, nos termos do art. 557 CPrCv".[25]

Com efeito, a decisão antes transcrita, em muito aclara a questão atinente à concessão de prazo e tomada de outras medidas acautelatórias, para a execução de liminar concedida para a desocupação de imóvel invadido por numerosos esbulhadores. De ser enfatizado, o colegiado decisor considerou aspectos inteiramen-

---

[25] Agravo n. 196 138 408. TARGS. Julio de Castilhos. 25/07/96. Rel. Juiz Breno Moreira Mussi.

te relevantes e adequados, no que diz com aquela decisão recorrida, que bem ponderou os valores jurídicos e políticos da lide, não sem antes referir-se àquelas pessoas como "artífices de grupo organizado". Ao fim e ao cabo, restou reconhecida a dilargação do prazo, isso em atenção a aspectos estreitamente ligados ao caso concreto, principalmente no que toca ao *gerenciamento do conflito*.

Ao enfrentamento de questão idêntica, outra não foi a solução adotada pela mesma Corte de Justiça:

"AGRAVO. REINTEGRAÇÃO DE POSSE. CONCESSÃO DE PRAZO PARA DESOCUPAÇÃO DO IMÓVEL. Cuida-se, na espécie, de agravo de instrumento interposto contra decisão que em demanda de reintegração de posse, deferiu reintegração imediata da autora na posse do imóvel.

A legislação específica não prevê regramento determinado para as situações de invasão. Assim, por exemplo, não existe presciência de prazo legal para a execução de liminar reintegratória.

As circunstâncias do caso concreto, de outra parte, recomendam cautela. Se de um lado procura-se impedir o aumento de invasores, com concentração de participantes do movimento em toda a área, de outro lado impõe-se facilitar a desocupação de área de forma pacífica, com o retorno dos invasores sem a ocorrência de conflito e sem apreensão dos integrantes da comunidade direta ou indiretamente envolvida na situação.

Sendo assim, tendo em vista as particularidades do fato em questão, especialmente atentando para a necessária e indispensável intervenção dos organismos, governamentais, ou não, dispostos a facilitar e administrar uma solução que atenda aos interesses dos litigantes, bem como considerando a imperiosidade de se propiciar praticidade e efetividade à decisão judicial agravada, entendo de atender em termos o pedido, concedendo aos agravantes o prazo de dez (10) dias para a desocupação voluntária da área de terras invadida"[26].

Como se vê dos arestos antes alinhados, tem-se duas situações inteiramente distintas, porém, com solução idêntica. Primeiro, o proprietário esbulhado se insurge, via agravo, contra a concessão de prazo para a desocupação voluntária da área pelos invasores. No segundo caso, são os próprios invasores quem pleiteiam prazo para a desocupação. Todavia, em qualquer das situações, a decisão foi a mesma, ou seja, o deferimento de prazo para a retirada voluntária dos ocupantes das áreas.

A solução é exata e prudente. À míngua de legislação específica, quer de direito material ou processual, em vista do caso concreto e suas peculiaridades, há que ser facilitada a retirada dos esbulhadores, desocupando-se a área de forma pacífica. Em assim sendo, a concessão de prazo, ainda que concebida via construção pretoriana, apresenta-se como solução antes de tudo acautelatória, apta a emprestar efetivo caráter restituitório ao procedimento interdital e mecanismo hábil à propiciar uma execução menos traumática no plano possessório.

---

[26] Agravo de Instrumento n. 196 139 687. 1ª Câmara de Férias Cível. Camaquã. Rel. Juiz Jorge Luiz Dall'Agnol. TARGS. 26/07/96.

V - Da antecipação da tutela nas ações possessórias de força velha

A discussão relativa ao cabimento, ou não, da antecipação da tutela em ação possessória de força velha presta-se, nos dias atuais, à instigação de interessante debate, tanto no plano doutrinário quanto no jurisprudencial. As ações interditais, de procedimento especial por definição legal, ordinariamente se apresentam como ações de força nova, ou seja, quando o esbulho houver ocorrido a menos de ano e dia, como é cediço.

Todavia, em se cuidando de ação de força velha, nada está a obstar que o autor esbulhado venha a aforar, desde logo, ação sob o rito comum (ordinário ou sumário), pouco importanto o *nomen juris* atribuído à demanda. Ainda que nominada como ação de reintegração de posse pelo demandante, essa ação em nada está a se confundir com aquele procedimento especial previsto pelo CPC em seu Capítulo V. Se de rito comum essa ação, nada estará a impedir a concessão de liminar de antecipação dos efeitos da tutela de mérito, desde que preenchidos os requisitos reclamados pelo art. 273 do CPC.

Mas ainda, entende-se que a ação possessória de força velha, em termos técnico-processuais, sequer deverá ser contemplada como procedimento especial específico, pois não mais guarda qualquer afinidade com aquele procedimento antes referido, que respeita, tãosomente, às ações de força nova, onde teria inteiro cabimento o deferimento da liminar reintegratória. Se o próprio art. 931 do CPC preconiza a aplicação do procedimento ordinário "quanto ao mais", e estando a ação possessória de força velha excluída daquele proceder processual especialíssimo, a mesma não se ordinarizará, mas sim, obedecerá ao rito comum ordinário ou sumário, desde o seu aforamento, pouco importando, como já se disse, se nominada como ação possessória ou ainda outra.

Salienta Nelson Nery Júnior, em seu lúcido e esclarecedor posicionamento, que:

"... em toda ação de conhecimento, em tese, é admissível a antecipação da tutela, seja a ação declaratória, constitutiva (positiva ou negativa), condenatória, mandamental, etc. A providência tem cabimento, quer a ação de conhecimento seja processada pelo rito comum (ordinário ou sumário) ou especial, desde que verificados os pressupostos. O CPC 273 prevê a tutela antecipatória de forma *genérica*, enquanto o CPC 461, par. 3º regula o instituto nas ações de obrigação de fazer e não fazer. Não cabe tutela antecipada em ação cautelar por falta de interesse processual, pois a liminar cautelar é antecipatória do mérito da própria providência cautelar pretendida pelo autor. A parte, portanto, não terá necessidade de pedir a tutela antecipada – do CPC 273 – na ação cautelar".[27]

"Caso o esbulho tenha ocorrido há menos de ano e dia (força nova), cabe ação possessória pelo procedimento especial do CPC 926 ss., com adiantamento liminar da tutela de mérito (CC 508). Nesse caso, o autor do interdito possessório só terá que demonstrar a sua posse e a data da ocorrência do esbulho (CPC 927, III), para que tenha direito à reintegração ou manutenção liminar (tutela antecipatória de mérito). Havendo sido o esbu-

---
[27] Nery Júnior, op. cit. p. 548.

lho perpetrado há mais de ano e dia (força velha), caberá ação possessória pelo rito comum (ordinário ou sumário). Nessa ação o autor pode pedir a tutela antecipada, mas para obtê-la terá de comprovar a existência de sua posse, do esbulho ou turbação, bem como os demais requisitos do CPC 273".[28]

"Esta medida de tutela antecipada pode ser concedida *in limine litis* ou em qualquer fase do processo, *inaudita altera pars* ou depois da citação do réu. Para conciliar as expressões 'prova inequívoca' e 'verossimilhança', aparentemente contraditórias, exigidas como requisitos para a antecipação da tutela de mérito, é preciso encontrar um ponto de equilíbrio entre elas, o que se consegue com o conceito de *probabilidade*, mais forte do que verossimilhança, mas não tão peremptório quanto o de prova inequívoca. É mais do que *fumus boni juris*, requisito exigido para a concessão de medidas cautelares no sistema processual civil brasileiro. Havendo dúvida quanto à probabilidade da existência do direito do autor, deve o juiz proceder a *cognição sumária* para que possa conceder a tutela antecipada. A medida pode ser concedida tanto no início da lide quanto no curso do processo, mas sempre antes da sentença. Normalmente, no caso do inciso II, deverá ser concedida no curso do processo, pois é depois da contestação que se pode mais facilmente aferir a existência de abuso de direito de defesa ou manifesto propósito protelatório do réu".[29]

Outro não foi o entendimento da 12ª Câmara Cível do 1º TACivSP, em voto unânime, assim sedimentado:

"TUTELA ANTECIPATÓRIA – Possessória – Presença dos requisitos elencados no art. 273 do CPC – Admissibilidade da antecipação, pois baseada na evidência.

---

[28] Nery Júnior, Nelson. Op. cit. p. 548.

[29] Nery Júnior, Nelson. Op. cit. p. 549.

Ementa da Redação: É possível a tutela antecipatória em ação possessória, pois essa deve ser tratada como qualquer outra ação ordinária, em que se admite, desde presentes os requisitos legais, a antecipação baseada na evidência, conforme dispõe o art. 273 do CPC. Ainda que se possa admitir, por epítrofe que o alegado esbulho tenha tido início a partir do óbito, ocorrido no início de julho de 1993, e não a partir do recebimento da notificação para desocupação, o que redundaria na conclusão de que a presente ação não possibilita a concessão de liminar típica das ações possessórias, pois ultrapassado o prazo de ano e dia para tanto, mesmo assim não há óbice no ordenamento ao deferimento da tutela antecipatória pleiteada.

É preciso distinguir entre as tutelas de urgência e as tutelas de evidência. É certo que às vezes elas se confundem e ambos os fundamentos podem sustentar um só pedido de tutela. Mas também é certo que, em regra, elas têm fundamentos distintos. A propósito, as precisas ponderações de Adroaldo Furtado Fabrício merecem transcrição, *verbis:* 'Se a demora na entrega da prestação jurisdicional cria o risco de sua inutilidade prática quando ao fim sobrevier, ou de sua reduzida efetividade prática, podem-se instituir mecanismos assecuratórios tendentes a preservar o bem da vida em disputa, colocando-se-o sob custódia judicial a fim de que ele se conserve com o mínimo de desgaste ou deterioração, até que se decida de sua titularidade. Se, por outro lado, a alta propabilidade de ter razão o autor desde logo se impõe ao espírito do Juiz, razoável é, por igual, que àquele se outorgue, mesmo provisoriamente, a fruição desse bem durante o curso do processo ou, quando menos, a subtração desse desfrute ao réu. Tem-se, no primeiro caso, a tutela da urgência e, no segundo, a tutela da evidência' (Breves notas sobre provimentos antecipatórios, cautelares e liminares, *in Inovações do Código de Processo Civil*. Ed. Livraria do Advogado, p. 12).

Na espécie, o que se constata, é que o que foi pedido não foi a liminar típica das demandas possessórias, mas a tutela antecipatória prevista no art. 273, I do CPC. E estão presentes os requisitos legais necessários à concessão. O direito do Agravante é inequívoco. A agravada ingressou no imóvel na qualidade de empregada da finada, isso está afirmado nos autos por ela mesma (f.). Portanto, nunca teve a posse do bem, senão que lá permaneceu por mera tolerância dos herdeiros após o óbito. Disso há, portanto, prova inequívoca. De resto, a probabilidade de consumação de prejuízos patrimoniais de problemática reparação é evidente, já que o imóvel está à margem de sua destinação econômica normal. Por outro lado, saliente-se que é descabida objeção fincada no tempo do esbulho. O ordenamento impede a concessão de liminar em ação possessória quando a turbação ou esbulho ocorreram há mais de ano e dia. Remete o possuidor esbulhado ou turbado para a denominada ação de força velha espoliativa, ao percurso nas vias ordinárias. Mas agora, mesmo nas vias ordinárias, existe a possibilidade de obtenção da tutela de evidência, a antecipação total ou parcial da prestação jurisdicional que, em princípio, só viria com a sentença, o adiantamento total ou parcial de sua eficácia, e essa antecipação é cabível em todas as ações (Nelson Nery Júnior. *Atualidades sobre o Processo Civil*, 2ª ed. RT, 1996, p. 66). Portanto, não é por causa da circunstância de ser possessória a ação que a antecipação da tutela não é possível. Ao contrário (Nelson Nery Júnior, op. cit., p. 74). A ação possessória deve ser tratada, nesse caso, como qualquer outra ação ordinária, em que se admite, desde que presentes os requisitos legais, a antecipação baseada na evidência. E na espécie, como dito, estão presentes os requisitos necessários à concessão da antecipação baseada na evidência. E na espécie, como dito, estão presentes os requisitos necessários à concessão da antecipação pleiteada, que são diferentes, distintos, daqueles exigíveis para obtenção da liminar prevista no art. 927 da lei processual, regra especial que prevalece sobre a genérica do art. 273 (cf. Adroaldo Furtado Fabrício, *Comentários ao Código de Processo Civil*. 7ª ed. Forense. 1995. v. VIII, t. III, p. 406). Mas essa distinção não impede no caso em tela a possibilidade de pleito antecipatório e a concessão pretendida pelos recorrentes".[30]

---

[30] in *Revista dos Tribunais*, RT, n. 740, pp. 329/330.

VI – Da citação multitudinária no esbulho coletivo

Como é curial, a citação é o ato processual pelo qual se chama a Juízo o réu ou interessado, a fim de se defender, isso nos exatos termos do art. 213 do CPC. Adiante, em seu art. 214, o mesmo diploma processual prescreve que "para a validade do processo é indispensável a citação inicial do réu" (sic).

"Também considerada como *pressuposto processual de existência*, é de ser ressaltado que muito embora com o despacho da petição inicial já exista relação angular entre autor e juiz, para que seja instaurada, de forma completa, a relação jurídica processual é necessária a realização da citação. Portanto, a citação é pressuposto de existência da relação processual, assim considerada em sua totalidade (autor, réu, juiz). Sem a citação não existe processo (Liebman, Est., 179). Em suma, pressuposto de existência da relação processual: *citação*. No mesmo passo, exsurge a citação válida como *pressuposto processual de validade*, posto que, uma vez realizada, o sistema exige que a citação tenha sido feita validamente. Assim, a citação válida é pressuposto de validade da relação processual. Em suma: a realização da citação é pressuposto de existência e a citação válida é pressuposto de regularidade da relação processual".[31]

---
[31] Nery Júnior, Nelson. op. cit. p. 499.

Como é bem de ver, aqui se refere o legislador processual, àquelas situações comuns, corriqueiramente encontradiças no cotidiano forense, onde as partes são perfeitamente indentificáveis, com elementos qualificativos nos autos, o que termina por não oferecer maiores entraves à perfectibilização do ato citatório.

Contudo, *in casu* se cuida de citação multitudinária. No caso das invasões coletivas, urbanas ou rurais, impossível se torna a exata identificação dos esbulhadores, quer pelo universo de pessoas envolvidas, quer pela natural transumância dos ocupantes do imóvel invadido. Essas peculiaridades, ordinariamente observadas em situações tais, prestam-se dificultar, quando não inviabilizar o integral cumprimento da ordem citatória. Em sendo assim, não se pode exigir – ou ainda pretender -, que o esbulhado consiga identificar a totalidade dos réus na ação possessória. Se tal dificuldade se apresenta praticamente intransponível no que diz com a exata identificação dos invasores, maiores entraves serão encontrados, por óbvio, quando do cumprimento do mandado citatório.

Todavia, o aparente impasse terminou por encontrar serena solução no âmbito jurisprudencial, isso na medida em que se solidificou o entendimento no sentido de que, nesses casos, opera-se a extensão da eficácia subjetiva do julgado a todos os ocupantes do imóvel, mesmo aqueles não citados para a causa.

Também objeto de construção pretoriana, surge a possibilidade de citação editalícia dos réus como forma efetiva, legal e adequada a emprestar regularidade e validade ao ato citatório.

O aresto, a seguir parcialmente transcrito, está a demonstrar a inteira adequação da citação ficta em relação a situações como a que ora se cuida:

"CITAÇÃO EDITAL. REINTEGRAÇÃO DE POSSE. INVASÃO DE CONJUNTO HABITACIONAL. INCIDÊNCIA DA REGRA

DO ART. 231, I, DO CPC. A inexistência de relações jurídicas, contemporâneas ou anteriores à propositura da ação de reintegração de posse, entre os proprietários e os notórios invasores de conjuntos habitacionais urbanos, provoca a incidência do disposto no inciso I do art. 231 do CPC, permitindo a citação dos réus por edital. E prossegue o Julgado: De observar, no entanto, que, no tocante à citação por edital, manifesta, *data venia*, a ilegalidade do indeferimento do pedido do impetrante, mormente depois de constatada a impossibilidade dela obter os nomes dos invasores do conjunto residencial.

É que no caso em exame, em que o esbulho é cometido por inúmeras pessoas que invadem um conjunto residencial, sem ostentar qualquer título de domínio ou de posse, não se pode exigir do esbulhado que identifique os réus da ação possessória. Aliás, nem deveria ser exigido do autor acudir à autoridade investida do poder jurisdicional para desalojar os intrusos; o Estado, por meio de seus agentes administrativos, espontaneamente, deveria agir na proteção do direito de propriedade e para garantia da ordem pública.

Aplicável, portanto, a regra do art. 231 do CPC, por desconhecidos os réus (inciso I), assim como também o entendimento de que a flagrante ilegalidade do ato judicial permite a impugnação pela via do mandado de segurança".[32]

No mesmo sentido:

"AGRAVO. REINTEGRAÇÃO DE POSSE. LIMINAR. INVASÃO COLETIVA. Não merece bem sucedido recurso manifestado por invasores confessos, fins de se manter na posse obtida à força, sem título algum, desde que satisfatoriamente demonstrada a posse do autor da demanda, dizendo respeito questiúnculas atinentes à determina-

---

[32] Mandado de Segurança n. 188089643. 1ª Câmara Cível. TARGS. Sapucaia do Sul. Rel. Juiz Luiz Felipe Azevedo Gomes. 02/05/89.

ção correta da área invadida, ao simples cumprimento da medida liminar. Liminar que, nas circunstâncias, máxime indeterminados os invasores, mais de uma centena, prescindia até da realização da audiência de justificação de posse, por isso irrelevante o fato da falta de prévia citação dos invasores para dita audiência. E prossegue: A espécie, realmente, exige maior reflexão, ainda que se esteja apenas frente a pedido de agregação de efeito suspensivo a recurso, desde que o seu indeferimento poderá mesmo, como alertam os agravantes, acarretar-lhes danos irreparáveis. Executada a reintegração de posse, dificilmente, até porque incertos os posseiros, terão como retornar ao imóvel, ocupando, mais, exatamente as frações do terreno onde atualmente estão.

Impõe-se, pois, maior esforço de argumentação que o normalmente desenvolvido em feitos do gênero, quando se reserva para o julgamento final a investida com maior detalhamento nos aspectos que importam à solução do agravo.

Assim considerando o caso, passo a me ocupar do que alegado no recurso. E começo pela questão da regularidade da realização da audiência de justificação de posse, havida sem prévia e formal citação dos réus.

A propósito, nem questionam os recorrentes que, em situação tal qual a de que se trata, promovida invasão por quase duas centenas de famílias, o tratamento a dispensar era o mesmo, como recomendado por jurisprudência trazida à colação na inicial da ação possessória, o de ação em que incertos e desconhecidos os réus. Não tinham os autores, nessas condições, como individualizar os réus.

Pretendem os recorrentes, apenas que dois deles, identificados na inicial (Luiz Fernando Feiber e Jorge dos Santos Cardoso), estes sim, fossem previamente citados pessoalmente.

Todavia, razão não lhes assiste.

Como esclarecido na petição inicial da ação possessória, o nome desses agravantes somente chegou ao conhecimento dos autores daquela demanda em razão de notícias de jornal, o que não os erigirá à condição de réus certos. O arrolar de seus nomes teve mais o sentido de simples referência, já que nem os autores sabiam, ao certo, se tratariam, ou não, também, de invasores. De qualquer modo, como certificado pelo oficial de justiça, 164 casas ou casebres foram levantados no imóvel invadido, o que já justificaria a não-localização de citados senhores, os quais, ainda, carroceiros, ganham a vida perambulando pela cidade.

Demais disso, não se pode perder de vista, *in casu*, que a própria realização da audiência de justificação de posse já representou um *plus*, até perfeitamente dispensável desde que dúvida alguma pairava, a partir do próprio ajuizamento da ação, de que se tratava de uma invasão. Sem título algum, os agravantes, e seguramente muitos outros, não nominados, simplesmente, de forma contrária ao direito, tomaram a posse do imóvel. E mesmo agora, em razões recursais, não apontam os recorrentes onde presente o direito de se verem mantidos na posse indevidamente havida.

Vale dizer, só esse caráter não decisivo da audiência de justificação de posse já faria esboroar toda a tese recursal, centrada em irregularidades que teriam cercado sua realização. Com ou sem ela, a reintegração liminar haveria de ser deferida.

Não é exato, outrossim, que o magistrado não tivesse fundamentado o seu decisório. Monolítica a prova, bastaria mencioná-la para o suporte de seu decisório. Juízo crítico outro não se oferecia necessário.

Ante tais comemorativos, tenho que, apesar do caráter quase satisfativo da liminar em tela, o se manter os agravantes na posse, apenas contribuiria para aumentar os problemas sociais a que se referem os agravantes, desde que a sorte da ação, evidenciada a invasão, apresenta-se, em princípio, selada. Quanto mais tempo se passar, e mais dolorosa será a retirada determinada pelo Juízo *a quo*, certo que a tendência é a dos invasores irem fincando raízes no curso do tempo. E problemas sociais estes que, embora relevantes não têm como encontrar contorno na sede judicial, já que ao juiz não é dado dispor de direito das partes, assim ignorando a proteção jurisdicional a que faz jus o esbulhado.

Embora me fixando, na decisão aqui combatida, no aspecto do comportamento dos agravantes, manifestamente contrário ao Direito, porque me pareceu – e ainda parece – preponderante, é claro que levei em conta, também, a condição da outra parte de possuidora. E não interfere aqui não seja o ora agravado o proprietário da área, mesmo porque se está frente a ação possessória, tão-só. E a posse, para os fins colimados – liminar em ação de reintegração -, estava suficientemente evidenciada. Bastava que se atentasse, em um primeiro momento, para o fato de que foi exatamente o autor da ação quem registrou na polícia a invasão. Mais, documentalmente demonstrou residir no local, trazendo ainda declarações, mesmo que particulares, atestando sua posse.

Por fim, não pus em dúvida estivessem os agravantes nominados na inicial da ação dentre os que participaram da invasão. O que pus, isto sim, é que a referência a seus nomes na inicial, como lá expresso, tinha a ver apenas com o fato de terem surgido em notícias de jornal, de sorte de que seguramente os autores nem saberiam se, de fato, estavam eles, ou não, dentre os invasores. Mas, enfatizo, esta questão não influía na definição da liminar. Sobre não reiterar a condição de réus incertos daqueles que tomaram a posse do imóvel – e o acolhimento da alegação da necessidade de citação dos agravantes nominados não aproveitaria aos demais invasores, pelo menos no que diz com a liminar (só quanto aos nominados a irregularidade poderia viciar o adiantamento da tutela alcançado) -, o que importava era que elementos haviam, antes mesmo da audiência, para o deferimento da liminar, o que não podia ser aqui desconsiderado só porque, orientado pela prudência, resolveu o digno magistrado *a quo* realizar dita audiência.

Embora os esforços dos combativos procuradores dos agravantes, não identifico, nos fatos novos trazidos, razão suficiente para a alteração do decidido quanto ao almejado, e já negado, efeito suspensivo ao recurso.

O que se traz, agora, além dos temas de que antes já me ocupei, em decisões ditadas nestes autos, são questões em princípio menores, respeitantes simplesmente à execução da liminar de reintegração de posse e que não estão ligados à substância da correção do decreto deferitório daquela liminar.

Cuida-se apenas de precisar a área fins de garantir correta execução. E assim é porque a área objeto da ação já estava caracterizada no essencial, que diz com seus confrontantes, no *croqui* que acompanhou a inicial, menor releve assumindo as questões das metragens. O imóvel de posse dos autores estava plenamente identificado em seus limites, de sorte que a reintegração apanharia aos que se instalaram dentro de seus limites. Pequenas dúvidas, atinentes ao seu traçado irregular no lado sul, como as suscitadas pelo meirinho, receberem os esclarecimentos devidos através do novo *croqui* (que pouco difere do inicial, apresentando apenas maior circunstanciamento, inclusive quanto à metragens). *Croqui*, assim, que não pode ser interpretado como se representativo de alteração da causa de pedir".[33]

Conforme visto, o Julgado supratranscrito, que exaustivamente enfrentou a questão esgrimida naquele

---

[33] Agravo de Instrumento n. 197070279. 6ª Câmara Cível, v.u., Porto Alegre. TARGS. Rel. Juiz Marcelo Bandeira Pereira. 19/06/1997.

agravo de instrumento, deixou inteiramente claras algumas circunstâncias aqui já abordadas. Primeiro, salienta tratarem-se os agravantes de "invasores confessos", cuja posse foi obtida à força, ausente qualquer título. Quanto ao autor da ação interdital proposta, restou cristalina a sua posse. Mais uma vez, a exemplo de outros arestos já colacionados, enfatiza a Câmara a desnecessidade de ter sido realizada a audiência de justificação prévia isso ante as circunstâncias, vez que se cuidava de invasão coletiva a cargo de mais de uma centena de pessoas.

Contudo, como no presente capítulo se trata das citações em ações invasivas multitudinárias, insta que seja pinçada do Acórdão em tela a seguinte assertiva: "por isso irrelevante o fato da falta de prévia citação dos invasores para dita ausência" (sic). Com efeito, a falta de prévia e formal citação dos réus para a audiência de justificação prévia, em nada está a macular o regular andamento do pleito possessório, pois como já visto, até mesmo a realização daquela audiência preambular se fazia inteiramente desnecessária em vista da notoriedade do esbulho perpetrado.

Demais, não passou despercebido à Câmara, tratar-se de ação "em que incertos e desconhecidos os réus. Não tinham os autores, nessas condições, como individualizar os réu" (sic). No mesmo passo, reconhece o julgado, que a alusão ao nome de alguns dos invasores na inicial, para compor o pólo passivo, "teve mais o sentido de simples referência, já quem nem os autores sabiam, ao certo, se se tratariam, ou não, também de invasores" (sic).

Adiante, ao enfrentar a problemática social decorrente da execução da liminar reintegratória, ressalta o julgado que ditos "problemas sociais, embora relevantes, não tem como encontrar contorno na sede judicial, já que ao juiz não é dado dispor do direito das partes, assim ignorando a proteção jurisdicional a que faz jus o esbulhado" (*sic*). E conclui: "O imóvel de posse dos autores estava plenamente identificado em seus limites, de sorte que a reintegração apanharia aos que se instalaram dentro de seus limites" (*sic*).

Ao fim e ao cabo, ante a total dispensabilidade da audiência de justificação prévia em se cuidando de invasões coletivas, pelos motivos já antes expendidos, tem-se que, concedida a liminar *initio litis* e *inaudita altera pars*, a citação dos invasores incertos provoca a incidência do disposto no inciso I do art. 231 do CPC, permitindo a citação de todos os esbulhadores por edital.

VII – Do esbulho coletivo e questões incidentais

Igualmente relevante ao trato da presente abordagem, é a situação verificada no que diz com os argumentos comumente adotados pelos invasores, tanto em sua resposta quanto já em sede de razões recursais. Ao exame de Julgados que se ocuparam da análise da questão aqui vertida, não raro, verifica-se a adoção de teses inteiramente pertinentes e relevantes, no sentido de demonstrar a regularidade do ato invasivo perpetrado, tanto nos planos ético, moral, social e, sobretudo, jurídico. Efetivamente, não se olvida tratarem-se de teses inteiramente defensáveis, isso na exata medida em que inúmeras decisões inclinam-se favoravelmente àquelas argumentações, como é bem de ver.

A questão mostra-se polêmica, instando, conforme já ponderado, o posicionamento. Respeitabilíssimas decisões prestam-se a bem ilustrar o quão complexo vem se mostrando o tema sob enfoque, posto que não há como serem desconsideradas tão judiciosas soluções observadas no plano jurisprudencial relativamente ao trato da questão fundiária e de moradia observados no país.

Prestando-se a presente análise não somente a abordar os processos invasivos no respeitante ao fato em tese, mas também os mais variados posicionamentos jurisprudenciais no particular, o que restará plasmado ao exame de Julgados aqui colacionados, tal visa à formação de um juízo crítico acerca do tema em debate seu atual dimensionamento no mundo do direito.

1 – Da função social da propriedade

Judicioso voto vencido, proferido em sede Mandado de Segurança impetrado visando à obtenção de efeito suspensivo em agravo que atacou a concessão de liminar deferida em ação de esbulho coletivo perpetrado por invasores, assim posicionou-se:

"I) Estou em conceder a segurança a fim de possibilitar a apreciação mais completa da lide por ocasião do julgamento do recurso de agravo de instrumento. Por ora, vejo presentes os pressupostos de plausibilidade do direito invocado, bem como da irreparabilidade do dano aos impetrantes em caso de cumprimento imediato da liminar concedida em primeiro grau.

II) Dispõe o art. 927, I, do CPC ser ônus do autor provar a sua posse. Segundo se depreende das informações prestadas, bem como das próprias alegações da interessada, não há qualquer evidência de posse anterior da autora da possessória. Por conseguinte, em tese, não se pode falar em esbulho se não há posse anterior a ser esbulhada.

III) Relevante considerar-se qual a efetividade do 'direito-dever' estabelecido no art. 5º, inc. XXIII, da CF. Cumpre primeiramente esclarecer que, nos termos do Capítulo I do Título II da Magna Carta, e estatuído no inciso em exame, se constitui em dever do proprietário (no sentido de dar à sua propriedade uma função social) como igualmente, se trata de direito da sociedade (no sentido de exigir do proprietário o cumprimento de seu dever).

Por outro lado, também não pode ser inócua, diante da norma constitucional, a situação jurídica daquela que, frente à propriedade destituída de função, passa a exercer posse que dá ao bem funcionalidade social.

IV) Tanto na manifestação interessada, como nas razões do eminente e culto Dr. Procurador de Justiça junto à Câmara, busca-se liminar a efetividade do inc. XXIII às políticas públicas de desincentivo à propriedade socialmente inócua.

Venia concessa, se a tão pouco se limitasse o dispositivo constitucional em comento, não teria nenhum sentido a sua inserção e elevação à categoria de 'direito-dever', individual e coletivo. Não há menor necessidade de norma constitucional para que o Estado defina políticas de incentivo à destinação social das propriedades socialmente relevantes.

Repita-se: trata-se de um direito individual e coletivo, assim como se trata de um dever individual e coletivo. O direito de propriedade, que é assegurado no inciso anterior, é também ele um 'direito-dever', individual e coletivo. É um direito individual do proprietário que impõe à coletividade e a cada indivíduo o dever de respeitá-lo.

Ora, se a função social da propriedade é um dever individual do proprietário, o seu desatendimento não pode ser juridicamente irrelevante, sob pena de concebermos deveres constitucionais inócuos.

V) Volta-se, assim, ao ponto de partida, qual a efetividade da norma constitucional estampada no inc. XXIII da CF, diante do descumprimento do proprietário ao dever de dar à propriedade socialmente relevante adequada função social? A resposta a esta questão impõe reflexão quanto à natureza do 'direito-dever' em exame.

Aparentemente, o dispositivo constitucional em questão estabelece uma característica do direito de propriedade, ou melhor, pode-se hoje afirmar que a função social é um dos atributos da propriedade, assim como a posse, embora se constitua em fato jurídico autônomo, também ela é atributo da propriedade.

Porém, a função social da propriedade relaciona-se diretamente com a posse. Ter a propriedade função social significa o efetivo exercício fático de uma ação (= função social). Exercer faticamente alguma ação sobre a propriedade nada mais é do que o próprio conceito de posse. Logo, a função social da propriedade é a própria posse como fato socialmente relevante exercido sobre a propriedade.

Em conseqüência, o inciso XXIII do art. 5º da CF, na verdade, dá à posse nova configuração. A posse não mais se limita à inócua e socialmente irrelevante colocação de uma cerca e um solo urbano e rural: é posse juridicamente relevante aquela que se caracteriza pelo exercício fático de atividade socialmente relevante. Muito embora atos como o de cercar caracterizem atos possessórios, tais atos, quando em confronto com os de quem deu à propriedade efetiva destinação social, são insuficientes para caracterizar posse juridicamente tutelada, ou melhor, em tal hipótese, a posse socialmente irrelevante não se jurisdiciza, eis inincidência do art. 5º, inc. XXIII, da CF.

VI) Por ora, não está em discussão a relevância jurídica da ação dos ocupantes da área objeto da ação possessória, nem, tampouco, se trata de ação isolada ou planejada (aliás do ponto de vista jurídico, é absolutamente irrelevante perquirir-se a ação é coletiva ou individual; do ponto de vista da história e da sociologia, parece, mesmo, que os direitos sociais só se efetivaram através da ação dos grupos sociais organizados e conscientes de seus direitos políticos).

VII) Argumenta-se que dar-se a pretendida efetividade ao inc. XXIII seria estimular a ação de tais grupos. Ora, o argumento, como tudo o que diz respeito ao confronto posse-propriedade, presta-se para enfoque diametralmente oposto e simetricamente inverso. A decisão, antes de ser um estímulo às invasões, é um estímulo – e, pois, insere-se como política pública – a que os proprietários dêem, à sua propriedade, função socialmente relevante.

VIII) Por derradeiro, o fato de a área servir de reserva técnica nos termos do art. 85, parágrafo único, do Decreto-Lei n. 85, não impede que a empresa proprietária lhe desse, paralelamente, função social. Mesmo que assim não fosse, com o advento da Constituição de 1988, não poderia o Decreto-Lei n. 85 impor que tais propriedades fiquem socialmente inócuas, eis que tal dispositivo feriria a norma constitucional.

IX) Em conclusão, a autora da possessória não apenas não provou, como sequer alegou posse socialmente relevante, nos termos do art. 927, I do CPC, c/c o art. 5º, XXIII, da CGF, termos em que a liminar não poderia ter sido concedida. Concede-se, pois, a segurança para dar-se, em definitivo, efeito suspensivo ao agravo"[34].

Como se vê, o posicionamento se sustenta por si só, tanto no plano argumentativo quanto no jurídico. Contudo, a questão é complexa e, como tal, guarda em si contornos eminentemente conceituais, o que emerge de forma palmar.

É certo que não se poderia passar à análise dos votos vencedores, sem antes emprestar certa análise crítica a determinadas passagens do voto vencido antes transcrito.

Por primeiro impende ressaltar tratar-se a questão de fundo de uma invasão urbana. Prescreve o art. 5º, inc. XXIII, da Constituição Federal: "a propriedade atenderá a sua função social" (sic). Ora, indiscutível que deverá a propriedade privada atender a sua função social, todavia, em se tratando de imóvel urbano, como no caso em questão, a política de desenvolvimento urbano, executada pelo Poder Público Municipal, confor-

---

[34] JULGADOS. TARGS, nº 97, pp. 260/262.

me diretrizes gerais fixadas em lei, tem por objetivo ordenar o pleno desenvolvimento das funções sociais da cidade e garantir o bem estar de seus habitantes, isso nos moldes preconizados pelo art. 182 da Magna Carta. Adiante, preceitua o art. 186 da CF, ao tratar da política agrícola, fundiária e de reforma agrária: "A função social é cumprida quando a propriedade rural atende, simultaneamente, segundo critérios e graus de exigência estabelecidos em lei, aos seguintes requisitos: ..." (sic).

Com efeito, em assim sendo, tanto urbana quanto rural a propriedade, sua função social haverá de ser aferida *conforme diretrizes gerais fixadas em lei e segundo critérios e graus de exigência estabelecidos em lei*, respectivamente. Então, indiscutível e curial, que remete o legislador constitucional a questão relativa à função social da propriedade, quer urbana ou rural, à regulamentação via lei ordinária. Somente então se poderá questionar o cumprimento ou não de tal "direito-dever", ou seja, ao cotejo da situação fática com a competente lei ordinária regulamentadora.

Ora, não se nega se dever do proprietário dar à sua propriedade função social. Contudo, questionável é assertiva no sentido de que a sociedade teria – ou tem – o direito de exigir do proprietário o cumprimento de seu dever. Ainda no plano argumentativo, se propriedade inócua é aquela destituída de funcionalidade social, admissível se mostra o posicionamento enquanto tratado em tese, tão somente. Todavia é curial que não compete ao Poder Judiciário, e muito menos a grupos invasores organizados, eleger ou mesmo apontar, qual propriedade está ou não cumprindo sua destinação social. Pois, como visto, tal competência, consoante mandamento constitucional expresso, é exclusivo do Poder Público municipal e da União, conforme o caso.

Também, pode se prestar à discussão a alegação constante do voto vencido no sentido de que:

"... a posse juridicamente relevante é aquela que se caracteriza pelo exercício fático de atividade socialmente relevante, quando cediço é, que na sistemática do nosso direito civil a posse não requer nem a intenção de dono nem o poder físico sobre o bem, apresentando-se como uma relação entre a pessoa e a coisa, tendo em vista a função econômica desta. Caracterização como a exteriorização da conduta de quem procede como normalmente age o dono".[35]

Por fim, colhe-se do voto vencido a afirmação no sentido de que "do ponto de vista jurídico, é absolutamente irrelevante perquirir-se a ação é coletiva ou individual". *Venia concessa*, esta circunstância é basilar e de inteira relevância ao exame da matéria em questão, conforme já detidamente enfocado.

Razão, contudo, assiste à douta maioria, nos moldes em que solucionado o conflito:

· "PROPRIEDADE E POSSE DE IMÓVEL URBANO. FUNÇÃO SOCIAL. PLANO DIRETOR. INVASÕES. Compete ao Município estabelecer as normas e verificar se o imóvel urbano cumpre sua função social à luz do Plano Diretor (art.182 e parágrafos da CF). Invasão de propriedade urbana. Ausência de direito líquido e certo dos invasores. A desapropriação deve ser realizada pelo Poder Público mediante prévia e justa indenização em dinheiro. Segurança denegada. Voto vencido.

Descabe discutir, nos limites estreitos do mandado de segurança, a prova da posse, sendo suficiente ressaltar-se que essa não exige a presença física diuturna do possuidor, podendo expressar-se de várias formas, mesmo indiretas. Com a devida vênia ao digno Relator originário, cujas posições a respeito do tema são bem conhecidas, a maioria denega a segurança, cassando a liminar concedida.

---
[35] Diniz, Maria Helena. op. cit. p. 38.

Trata-se de simples invasão de propriedade privada, numa tentativa de criar fato social relevante que justifique vantagens econômicas aos invasores. Os objetivos do movimento até podem ser justos, enquanto movimento político, porém não pode encontrar respaldo na ordem jurídica.

Sem entrar na discussão da função social da propriedade, que o eminente Relator maneja tão bem em seu judicioso voto, a maioria entende que a propriedade e a posse se acham igualmente protegidas pela Constituição Federal, e a política de desenvolvimento urbano é traçada e executada pelo Poder Público Municipal, sendo de sua exclusiva competência estabelecer e verificar o cumprimento da função social da propriedade urbana à Luz de seu Plano Diretor. A esse respeito veja-se norma expressa no art. 182 e seus parágrafos, da CF, sendo de ressaltar-se que qualquer desapropriação há que ser realizada mediante prévia e justa indenização em dinheiro.

A preocupação com a função social da sociedade é antiga, registrando o eminente Vogal que vem desde a antigüidade, com Aristóteles, passando por São Tomás de Aquino, na Idade Média, pelo pensamento de Karl Marx e pela Constituição de Weimar, quando se tornou jurídica.

É descabida a pretensão de se fazer justiça com as próprias mãos. Ao Município é que cabe desapropriar o imóvel, mediante prévia e justa indenização em dinheiro, se não tiver cumprindo sua função social à luz do Plano Diretor.

Não se vislumbra, portanto, direito líquido e certo a proteger na invasão que se realizou, nada havendo que justifique a permanência dos invasores no imóvel. Por tais razões, denega-se a segurança, revogada a liminar".[36]

---
[36] JULGADOS. TARGS. n. 97, pp. 259/260.

2 – Da invocação do art. 5º da LICC como matéria de defesa

Não raro, no curso das ações interditais multitudinárias, é invocado o art. 5º da Lei de Introdução ao Código Civil, isso com o fito de legitimar o próprio ato invasivo e, assim, tentar emprestar regularidade àquela prática espoliativa. Dita alusão tem sido enfrentada em nossos Pretórios, sendo à mesma, nos dias atuais, emprestada interpretação pacífica no sentido que não se presta tal pressuposto normativo ao fim colimado, pelo menos, como matéria de defesa.

Prescreve o dispositivo legal em exame: "Na aplicação da lei, o juiz atenderá aos fins sociais a que ela se dirige e às exigências do bem comum" (sic). Ora, aqui a presença do elemento teleológico é evidente. Contudo, a questão apresenta-se diversa, ou seja, caberia a invocação do artigo legal antes transcrito a fim de legitimar ato invasivo? Tem-se que não, por óbvio.

O verdadeiro sentido e alcance daquela disposição não é aquele pretendido pelo esbulhador.

"Não se nega que a regra positiva deve ser entendida de modo que satisfaça aquele propósito; quando assim não se procedia, construíam a obra do hermeneuta sobre a areia movediça do processo gramatical".[37]

Considera-se o Direito como uma ciência primariamente normativa ou finalística; por isso mesmo a sua interpretação há de ser, na essência, *teleológica*. O hermeneuta sempre terá em vista o fim da lei, o resultado que a mesma precisa atingir em sua atuação prática. A norma enfeixa um conjunto de providências, protetoras, julgadas necessárias para satisfazer a certas exigências econômicas e sociais; será interpretada de modo

---
[37] Maximiliano, Carlos. *Hermenêutica e Aplicação do Direito*. Forense. 9ª ed. 1981. Rio de Janeiro. p. 151.

que melhor corresponda àquela finalidade e assegure plenamente a tutela de interesse para a qual foi regida".

"Levam-se em conta os esforços empregados para atingir determinado escopo, e inspirados pelos desígnios, anelos e receios que agitavam o país, ou o mundo, quando a norma surgiu. O fim inspirou o dispositivo; deve por isso mesmo, também servir para lhe limitar o conteúdo".[38]

"Conclui-se, de exposto, que o fim da norma jurídica não é constante, absoluto, eterno, único. Valerá como justificativa deste asserto o fato, referido por vezes, de corresponder o sistema de hermenêutica à idéias vitoriosas a respeito da concepção do próprio direito".[39]

Advertência mostra-se palmar. Conclui o hermeneuta, em síntese, que o *fim* da norma jurídica, por não ser único – ou absoluto -, como querem alguns, deverá corresponder às idéias vitoriosas do próprio direito. Daí concluir-se pela inteira ilegalidade do ato invasivo, nada estando a socorrer os esbulhadores, isso na exata medida em que a violência e a clandestinidade aberram ao direito, configurando-se injusta a posse nesses moldes alcançada, o que decorre de mandamento legal expresso. E se de posse injusta se cuida, viciada desde logo em seu nascedouro, assim permanecerá enquanto não cessada a violência ou a clandestinidade, posto que seu caráter é universal.

Esta é a idéia vitoriosa do direito a que fez alusão a doutrina colacionada. O parâmetro do juiz, como não poderia deixar de ser, é a lei interpretada teleologicamente, o que não autoriza nem legitima a decisão *contra legem* e a carga de subjetivismo que a mesma carrega em seu bojo.

---

[38] Maximiliano, Carlos. Op. cit. p. 152.

[39] Maximiliano, Carlos. Op. cit. p. 153.

Com efeito, vale repetir-se, que é no capítulo relativo à política urbana e da política agrícola e fundiária e da reforma agrária, insertos na Constituição Federal, que estão fixadas as competências da municipalidade e da União, respectivamente, para o enfrentamento e a solução das questões sociais que envolvem teto e terra, respectivamente. O mais seria a insegurança, a falência das instituições, a inteira subversão da competência reservada a cada um dos Poderes do Estado.

Nesta Esteira de convencimento:

"Ação de reintegração de posse. Invasão por parte de agricultores, intitulados de 'sem-terra', em propriedade particular. Ilegalidade da ocupação, configuradora do esbulho, que não pode ser admitida nem explicada, seja pela alegação de reforma agrária, seja pela expedição de decreto expropriatório, seja pelo argumento de se tratar de terra improdutiva, seja pela invocação do problema social, seja pelo alegado direito subjetivo de acesso à terra, seja, finalmente, *pela alusão ao art. 5º da Lei de Introdução ao CC*. A produtividade ou não da terra é matéria a ser discutida para efeitos de desapropriação. A expedição de decreto expropriatório não permite a ocupação da Fazenda, mesmo porque não ocorreu, ainda, a imissão de posse e os efeitos do ato desapropriatório foram suspensos pela Justiça Federal. Fatos devidamente demonstrados, divulgados pela imprensa, admitidos pelos próprios demandados, que não podem negá-los, e repetidos mesmo após a concessão da liminar reintegratória. Sentença de procedência mantida, embora em julgamento antecipado, face às peculiaridades do caso, tornando-se desnecessária a dilação probatória. Comprovação de todos os pressupostos exigidos por lei. Demonstrada a posse da demandante, que não pode ser negada, e comprovado devidamente o esbulho, outra não pode ser a solução. Preliminar de cerceamento de defesa repelida. O art. 5º, inc. LV, da

CF não impede a concessão de liminar possessória. A não remessa do agravo de instrumento, interposto contra a decisão concessiva da liminar, decorreu, também, da inércia dos agravantes, que não tomaram as providências devidas, entre elas, a indicação das peças para a formação do traslado. De qualquer sorte, o julgamento de procedência, tornando definitiva a liminar, tirou o objeto do recurso interposto contra a decisão interlocutória. Apelação não provida".[40]

3 – Da invasão de terras e "habeas corpus" preventivo

Interessante questão, ao exame da abordagem em tela, respeita à impetração de *habeas corpus* preventivo em favor de determinado grupo de acampados, segundo os quais, estariam "na iminência de sofrerem coação ilegal em sua liberdade de locomoção de parte da dita autoridade, porquanto ao resolverem deixar a exígua área de terras destinadas ao aguardo do assentamento definitivo a ser definido pelo Governo do Estado para ocuparem outra faixa de terras vizinha", poderiam ser repelidos com violência pela Brigada Militar.

Contudo, a área pretendida invadir, como se vê do aresto a seguir transcrito de forma parcial, há posse exercida pela Brigada Militar, posse essa titulada em instrumento particular de comodato onde a Companhia de Desenvolvimento Industrial e Comercial do Rio Grande do Sul (CEDIC), na qualidade de proprietária, cedeu-o à corporação comodatária, pelo prazo de vinte anos, para que a explorasse, preservando-a de invasões, vedando-lhe o subcomodato.

Ora, é evidente que não poderia ser concedida a ordem preventiva em favor dos invasores. Sendo a prá-

---
[40] JULGADOS – TARGS. n. 77, pp. 238/239.

tica do esbulho possessório definida como crime no Código Penal, curial que não há que se cogitar acerca da concessão de salvo-conduto com o fito de emprestar regularidade a ato invasivo, mormente em se cuidando de área ocupada por possuidor titulado por contrato de comodato.

Outra não poderia ser a decisão, que não aquela assim vertida:

"*HABEAS CORPUS* PREVENTIVO. RECURSO DE OFÍCIO. INVASÃO DE TERRAS. Ato de Impulsão processual não revogado. Complemento da garantia constitucional instituído como defesa social contra a instância única. Esbulho possessório, crime que é, não pode assegurar aos invasores a manutenção de posse injusta sobre a área invadida, sob o pálio de salvo conduto, contra possuidor titulado por contrato de comodato. Legítimo o desforço imediato da Brigada Militar esbulhada na posse (art. 502 do CC), ilegalmente contido por *habeas corpus* preventivo. O *writ* é garantia constitucional de tutela contra atos ilegais ou abusivos à liberdade de locomoção, jamais um instituto para obstruir o exercício regular de um direito, positivado pela indigitada autoridade coatora. Deram provimento ao recurso de ofício. Unânime".[41]

É do voto unânime:

"Intitulando-a de área ociosa os agricultores-pacientes pretendendo assentar-se em gleba maior para produzirem, a fim de promoverem a subsistência própria e das respectivas famílias, e invocando indefinição do Governo do Estado, que encampou questão de competência da União, resolveram ocupar a faixa de terra em questão, vizinha da que se encontravam aguardando o assentamento definitivo.

---
[41] JULGADOS – TARGS. nº 86, p. 50.

Pretendendo obstruir qualquer providência legal da corporação no sentido de removê-lo da área, seja no exercício da defesa da posse (art. 502 do CC), ou da preservação da ordem pública (art. 144, par. 5º, da CF), o impetrante interpôs o remédio heróico preventivo, logrando obter, liminarmente, um salvo-conduto aos pacientes que os possibilitou retornar à gleba de que haviam sido legitimamente retirados pela Brigada Militar.

A ordem judicial, como se vê, não se escuda na legalidade. Ao contrário, incide na ilegalidade porque confere legitimidade a um esbulho possessório, que além de constituir um ilícito civil protegível pela reintegratória de posse, é um crime (art. 161, par. 1º, II, do CP) passível de ação penal pública, e até privada, conforme o caso.

Ora, o remédio heróico só tem lugar quando da autoridade emanam atos de violência ou coação ilegal, atual ou iminente, à liberdade de locomoção.

No caso, tratando-se de uma invasão organizada à propriedade cedida à Corporação Militar, não se pode vislumbrar legítima a permanência dos invasores na área com amparo num pretenso contrato verbal, que se efetivamente existiu, o que não se admite ante a reação da Brigada Militar, violou as obrigações estabelecidas pelo próprio instrumento de comodato, que expressamente veda o subcomodato, além de obrigar a comodatária a preservar a gleba de invasões.

Assim, partindo do próprio conceito de *habeas corpus* do publicista J. Cretella Júnior, transcrito pela sentença, pode-se concluir que a ordem concedida desatendeu as balizas do *writ*, que somente tem lugar, repita-se, na ilegalidade, jamais quando o ato atacado esteia-se no ordenamento jurídico vigente. A partir do momento em que os pacientes abandonaram a terra pública onde deviam aguardar o definitivo assentamento a ser definido pelo Governo Estadual, para invadir área vizinha de propriedade alheia, cometeram o crime de esbulho possessório, não podendo erigir, em cima de uma ação delituosa, um direito capaz de legitimar a defesa da posse nos termos do art. 502 do CC, somente assegurado ao legítimo possuidor, no caso, a Brigada Militar.

A posse injusta, aquela adquirida com violência, não assegura ao titular o direito de invocar a proteção pelos interditos com relação ao adversário, senão depois de cessada a violência, com o passar dos anos. E o deferimento do salvo-conduto aos agricultores-pacientes para impedir a entidade esbulhada de agir, ofendeu também o art. 144, par. 5º da CF, configurando uma autêntica medida cautelar de imissão de posse com as vestes de *habeas-corpus*.

O direito líquido e certo da Brigada Militar de exercer a proteção possessória pelo desforço imediato foi ilegalmente desrespeitado, não podendo, destarte, prevalecer o *decisum*.

Por estas razões, conhece-se do recurso de ofício e dá-se-lhe provimento, ficando revogado o salvo-conduto expedido aos pacientes"[42].

4 – Do imóvel aparentemente abandonado

Argumento também, encontradiço, é aquele que tenta justificar a invasão de determinado imóvel, face ao seu aparente abandono. Note-se, que a lei material é inteiramente esclarecedora ao tratar do abandono como sendo uma das modalidades de perda da posse e da propriedade (arts. 520, I, e 589, III, ambos do CC). Assim:

"... perde-se a posse das coisas pelo abandono se o possuidor se ausenta indefinidamente, não se utilizan-

[42] JULGADOS – TARGS. nº 86, pp. 53/54.

do deles e não deixando quem o represente. A ausência prolongada e o desinteresse revelado pelo possuidor são circunstâncias indicativas do abandono, por falta de diligência de um interessado cuidadoso. Não haverá abandono, porém, se a desocupação do imóvel representa fenômeno natural de sua utilização, como por exemplo, se trata de casa de campo. Nessa hipótese, nada denota omissão por parte do possuidor, ou sugere haja esse deixado de ser dono. Sua ausência é temporária e nada evidencia a resolução de abandonar a posse, sem embargo da falta de exercício dos respectivos poderes por lapso de tempo mais ou menos longo"[43].

Em assim sendo, à evidência que não colhe alegação de abandono de imóvel por parte de invasores, sem a devida comprovação da renúncia da posse pelo possuidor ou proprietário, com o fito de emprestar regularidade ao ato esbulhatório perpetrado. Demais, o abandono consciente de determinado imóvel é faculdade exclusiva do possuidor ou proprietário, não competindo ao esbulhador qualificar de abandonado, *sponte sua*, esse ou aquele bem.

Restou decidido:

"POSSESSÓRIA. Reintegração de posse – Área objeto de implantação de loteamento certa e registrada invadida formando-se favela – Não comprovação pelos réus de efetiva aquisição da área de anterior possuidor, o que poderia consubstanciar-se em justo título – *Alegação de aparente abandono do imóvel descabida* – Esbulho de má-fé caracterizado – Retenção dos melhoramentos introduzidos inadmissível – Procedência mantida. Quem toma posse de terreno onde se está implantando um loteamento e não prova documentalmente a efetiva aquisição da área de anterior possuidor, o que poderia

---

[43] Monteiro, Washington de Barros. *Curso de Direito Civil. Direito das Coisas.* 3º volume. 33ª Edição. Saraiva. 1997. p. 68.

consubstanciar-se em justo título, não pode alegar estivesse o imóvel aparentando abandono, ou ignorar a ilicitude de seu ato.

O esbulho de má-fé, portanto, está suficientemente comprovado, não só por esses fatos, mas também porque os autores da reintegratória demonstraram serem os detentores da posse anterior e do domínio. Descabe, via de conseqüência, venham os réus reter os melhoramentos introduzidos, ou mesmo pedir indenização pelo que edificaram, até porque irregulares, essas construções (sem observância dos lotes implantados, pois aglomerados desordenadamente na 'favela', desobedecendo as posturas de construção editadas pelo Município".[44]

E prossegue:

"Como emerge do conjunto probatório, a anterior posse dos autores decorria de atos inequívocos, tais como a implantação de loteamento sobre área certa e registrada, tendo, para isso efetuado abertura de ruas, demarcado lotes, etc.

Ensina Pontes de Miranda, 'a posse é estado de fato, em que acontece poder, e não necessariamente ato de poder' ... 'Rigorosamente, a posse é estado de fato de quem se acha na possibilidade de exercer o poder como o que exerceria quem fosse proprietário, poder que foi incluso no direito da propriedade' (*usus, fructus, abusus*) (autor cit., *Tratado de Direito Privado*, 4ª ed. II/7).

Os apelantes, como se dessume, ingressaram indevidamente na área dos autores, formando uma das chamadas 'favelas' e radicando-se desordenadamente nos lotes, sem observar que os apelados, além da posse exteriorizada, ainda estavam pagando os necessários tributos. Portanto, os apelados exerciam tanto a 'posse-encargo' como a 'posse-gozo' que se completam".

---

[44] RT, 1º TACivSP, nº 712, p. 172.

Adiante:

"Cumpre lembrar, a propósito, o preceito do art. 490 do CC: 'É de boa-fé a posse, se o possuidor ignora o vício, obstáculo que lhe impede a aquisição da coisa, ou do direito posuído'. E ressalta em seu parágrafo único: 'O possuidor com justo título tem por si a presunção de boa-fé, salvo prova em contrário, ou quando a lei expressamente não admite esta presunção'. E, como ressaltado pelo saudoso Prof. Alípio Silveira, no nosso direito não basta a boa-fé contínua (autor cit. *A boa-fé no Código Civil*, I/213). A boa-fé deve ser apurada, assim, por critério objetivo, não só do ponto de vista psicológico, com feição meramente psicológica.

Desse modo, quem toma posse de terreno onde se está implantado um loteamento e não prova documentalmente a efetiva aquisição da área de anterior possuidor, o que poderia consubstanciar-se em justo título, não pode alegar estivesse o imóvel aparentando abandono, ou ignorar a ilicitude de seu ato.

O esbulho de má-fe, portanto, está suficientemente comprovado, não só por esses fatos, mas também porque os apelados demonstraram serem os dententores da posse anterior e do domínio. Descabe, via de conseqüência, venham os apelantes reter os melhoramentos introduzidos, ou mesmo pedir indenização pelo que edificaram, até porque irregulares essas construções (sem observância dos lotes implantados, pois aglomerados desordenadamente na 'favela', desobedecendo as posturas de construção editadas pelo Município".[45]

5 – Da ausência de atos materiais sobre o imóvel

Igualmente, como matéria de defesa, bem como argumentação para tentar emprestar regularidade ao

---
[45] RT, idem, pp. 173/174.

ato invasivo, é utilizada pelos esbulhadores a tese no sentido de que sobre o imóvel não são praticados atos materiais por parte do possuidor ou proprietário, o que estaria a autorizar a prática de esbulho sobre aquele bem.

Ora, o equívoco emerge de forma evidente.

"O atual Código Civil Brasileiro – bem como o projeto em andamento no Legislativo -, adota a denominada *teoria objetiva* de Ihering que, por sua vez, entende que para constituir a posse basta o *corpus*, dispensado assim o *animus* e sustentando que esse elemento está ínsito no poder de fato exercido sobre a coisa. Para ele, pondera Washington de Barros Monteiro, o *corpus* é o único elemento visível e suscetível de comprovação, estando vinculado ao *animus* do qual é manifestação externa".[46]

"Na sistemática do nosso direito civil a posse não requer nem a intenção de dono *nem o poder físico sobre o bem*, apresentando-se como uma relação entre a pessoa e a coisa, tendo em vista a função econômica desta. Caracteriza-se como a exteriorização da conduta de quem procede como normalmente age o dono".[47]

"Apesar da natureza exclusiva da posse, que faz com que não possa haver sobre um bem mais de uma posse, admite nosso legislador, com base na doutrina Ihering, o desdobramento da relação possessória no que concerne ao seu exercício, o que não acarreta perda da posse, porquanto o proprietário que concede a posse a outrem conserva o direito de exercer poderes inerentes ao domínio".

Pelo art. 485 do Código Civil brasileiro, "é possuidor todo aquele que tem de fato o exercício pleno, ou

---

[46] Diniz. Maria Helena. op. cit. p. 36.
[47] Diniz, Maria Helena. op. cit. p. 38.

não, de alguns dos poderes inerentes ao domínio ou propriedade".[48]

Assim, não requerendo a posse sequer a intenção de dono nem o poder físico sobre o bem, é certo que a ausência da prática de atos materiais sobre a coisa, por parte do possuidor ou proprietário, em nada está a macular a relação possessória, não encontrando guarida, destarte, alegação desta ordem a fim de legitimar ato esbulhatório.

Decidiu-se nesse sentido:

"POSSESSÓRIA. Reintegração de posse – Ausência de prática de atos materiais sobre a coisa – Irrelevância – Necessidade apenas da disponibilidade do bem. Para a caracterização e conservação da posse não é necessária a prática de atos materiais sobre a coisa, bastando que o possuidor continue na disponibilidade da mesma.

Ao contrário do que entendem os réus apelantes, a caracterização ou o reconhecimento de posse anterior da autora sobre o seu imóvel, vizinho ao dos autores, não depende de que esta tenha praticado efetivos atos materiais de posse sobre o mesmo; em outras palavras, a caracterização ou a continuação da posse não depende da apreensão física do bem.

Para tanto, na verdade, basta a possibilidade do possuidor dispor da coisa, já que a posse é uma exteriorização do domínio.

Doutrina e jurisprudência ensinam nesse sentido.

Assim é que Caio Mário da Silva Pereira (*Instituições de Direito Civil*, v. 4, 7ª ed., 1989, p. 18, n. 285) explica que 'a posse, em nosso direito positivo, não exige, portanto, a intenção de dono, e nem reclama poder físico sobre a coisa. É relação de fato entre a pessoa e a coisa, tendo em vista a utilização econômica desta. É

---

[48] Diniz, Maria Helena. Op. cit., p. 51.

a exteriorização da conduta de quem procede como normalmente age o dono. É a visibilidade do domínio (CC, art. 485)'.

Nesse sentido, aliás, é a decisão do 1º TACivSP contida na RT 609/104-105, em cujo corpo mencionou-se que 'é conceito consagrado no nosso direito que para conservação da posse basta a continuação do possuidor na disponibilidade da coisa, sendo dispensável a manifestação de atos materiais no imóvel possuído que é, em alguns casos, impossível' (*Repertório de Jurisprudência do Código Civil*, Freitas Bastos, J.G. Rodrigues de Alckmin, n. 39-B, p. 37).

Também o Tribunal de Justiça de São Paulo já estabeleceu que 'para poder fazer uso dos interditos possessórios é desnecessária a posse concreta ou física, bastando a disponibilidade da coisa, mansa e pacificamente' (*Jurisprudência Brasileira – Posse e Ações Possessórias*, v. 6, p. 335, Juruá Editora). Esse Acórdão, aliás, menciona doutrina de Astolfo Resende, para quem posse, uma vez adquirida, 'continua tanto tempo quanto dura a faculdade de dispor livremente do imóvel; para este não é absolutamente necessário que o possuidor aí esteja constantemente presente, o que de resto seria impossível, na maioria dos casos'.

Por outro lado, o mesmo TJSP já assentou que 'para a conservação da posse, basta a continuação do possuidor na disponibilidade da coisa. Não precisa praticar atos materiais no terreno...' (RT, 268/221), Acórdão esse que reporta-se a diversos outros no mesmo sentido.

Esse Tribunal, de sua parte, tem abonado este mesmo entendimento, como se pode ver da Ap. Civ. 70.219-0, Ac 5.604 desta 3ª Câm. Cív.

De maneira que, como assentou o eminente relator, com sua costumeira precisão no Acórdão supracitado, em conclusão aqui dotada como razões de decidir 'portanto, o que caracteriza a posse não é só efetivo exercício de atos possessórios, a prática de atos materiais sobre a coisa, mas sim a possibilidade de se dispor dela...'

Assim, no caso dos autos, como a autora ao adquirir o seu imóvel adquiriu-lhe também a posse, manteve-a até o ato de esbulho praticado pelos réus, sem que para isso tivesse que praticar atos materiais de posse sobre o mesmo.

Por isso, rejeita-se a argüição de que a autora não tinha posse anterior".[49]

6 – Dos fatores sociais como matéria de defesa

Nos dias atuais, a invocação de fatores sociais como matéria de defesa, especificamente nas questões envolvendo invasões coletivas, mostra-se inteiramente corriqueira, sendo comumente observada ao enfrentamento do caso concreto, não podendo a mesma passar despercebida a qualquer operador do direito compromissado com sua época, seu tempo e a realidade que o cerca.

Com exemplar proficiência, em sua obra clássica, Carlos Maximiliano já ponderava que:

"... os antigos juristas romanos, longe de se aterem à letra dos textos, profiavam em lhes adaptar o sentido às necessidades da vida e às exigências da época.

Não pode o direito isolar-se do ambiente em que vigora, deixar de atender às outras manifestações da vida social e econômica; e esta não há de corresponder imutavelmente às regras formuladas pelos legisladores. Se as normas positivas se não alteram à proporção que envolve a coletividade, consciente ou inconscientemente a magistratura adapta o texto preciso às condições emergentes, imprevistas. A jurisprudência constitui, ela

[49] RT, 741/402-404.

própria, um fator do processo de desenvolvimento geral; por isso a Hermenêutica se não pode furtar à influência do *meio* no sentido estrito e na acepção; atende às *conseqüências* de determinada exegese: quanto possível a evita, se vai causar dano, econômico ou moral, à comunidade. O intuito de imprimir efetividade jurídica às aspirações, tendências e necessidades da vida de relação constitui um caminho mais seguro para atingir a interpretação correta do que o tradicional apego às palavras, o sistema silogístico de exegese.

Desapareceu nas trevas do passado o método lógico, rígido, imobilizador do Direito: tratava todas as questões como se foram problemas de geometria. O julgador hodierno preocupa-se com o bem e o mal resultantes de seu *veredictum*. Se é certo que o juiz deve buscar o verdadeiro sentido e alcance do texto; todavia este alcance e aquele sentido não podem estar em desacordo com o fim colimado pela legislação – o bem social".[50]

"Toda ciência que se limita aos textos de um livro e despreza as realidades é ferida de esterilidade. Cumpre ao magistrado Ter em mira um ideal superior de justiça, condicionado por todos os elementos que informam a vida do homem em comunidade. Não se pode conceber o direito a não ser no seu momento dinâmico, isto é, como desdobramento constante da vida dos povos. A própria evolução desta ciência realiza-se no sentido de fazer prevalecer o interesse coletivo, embora timbre a magistratura em o conciliar com o do indivíduo. Até mesmo relativamente ao domínio sobre imóveis a doutrina mudou: hoje o considera fundado mais no interesse social no que no individual; o direito de cada homem é assegurado em proveito comum e condicionado pelo bem de todos. Eis porque os fatores sociais passaram a ter grande valor para a hermenêutica,

---
[50] Maximiliano, Carlos. op. cit., p. 157.

e atende o intérprete hodierno, com especial cuidado, às *conseqüências* prováveis de uma ou outra exegese".[51]

"Sobretudo em se tratando de normas formuladas por gerações anteriores, o juiz, embora dominado pelo intuito sincero de lhes descobrir o sentido exato, cria malgrado seu, uma exegese nova, um alcance mais amplo, consentâneo com a época. O bom intérprete foi sempre o renovador insinuante, cauteloso, às vezes até inconsciente, do sentido das disposições escritas – o sociólogo do Direito".[52]

"Não queremos o arbítrio do juiz. Não o admitimos por preço nenhum. Pretendemos, entretanto, quando a lei não ordene com uma certeza imperativa, que o magistrado possa marchar com o seu tempo, possa levar em conta os costumes e usos que se criam, idéias que envolvem, necessidades que reclamam uma solução de justiça.

Do exposto já se depreende dever-se apelar para os *fatores sociais* com reserva e circunspecção, a fim de evitar o risco de fazer prevalecerem as tendências intelectuais do juiz sobre as decorrentes dos textos, e até mesmo sobre as dominantes no *meio* em que ele tem jurisdição".[53]

"Para os incomparáveis romanos já constituía principal regra de interpretação a que se fundava no *honesto e no útil*. Referia-se o *honesto* ao Direito Natural; o *útil*, ao interesse geral da república e àquilo que trazia o soberano bem para todos. Cícero elogiou o jurisconsulto Caio Aquílio Galo porque 'sempre interpretava as leis de modo que as manobras repreensíveis e os vícios nunca aproveitavam aos seus autores'.

---

[51] Maximiliano, Carlos. Op. cit., p. 158.
[52] Maximiliano, Carlos. Op. cit., p. 159.
[53] Maximiliano, Carlos. Op. cit., p. 160.

Ainda hoje, quando a lei proíbe a prática de certos atos, entendem-se vedados tanto estes, como outros diversos, porém conducentes ao mesmo fim. São anuláveis não só as convenções e outros atos jurídicos proibidos, mas também os realizados com o intuito de fraudar a disposição impeditiva. A lei sempre se entenderá de modo que o dolo fique repelido e não vitorioso".[54]

Ora, a excelência das ponderações antes transcritas, por forçoso, remetem o operador do direito à uma consciente reflexão, vez que não há como ser desconsiderada tão importante circunstância ao exame da questão de fundo.

Contudo, de serem pinçadas algumas passagens insertas na doutrina antes vertida, pois bem se prestam ao correto entendimento da abordagem em tela. Assim, não há como serem desconsideradas ponderações tais como: "dever-se apelar para os fatores sociais com reserva e circunspecção, a fim de evitar o risco de fazer prevalecerem as tendências intelectuais do juiz sobre as decorrentes dos textos". Adiante sublinha o mesmo autor: "Não queremos o arbítrio do juiz. Não admitimos por preço nenhum".

E por fim adverte dever ser a lei interpretada "de modo que as manobras repreensíveis e os vícios nunca aproveitem aos seus autores".

E encerra: "A lei sempre se entenderá de modo que o dolo fique repelido e não vitorioso".

Assim, deverá o intérprete, ao apelar para a ponderação de fatores sociais, fazê-lo com absoluta reserva e circunspecção, posto que inconcebível a prevalência das tendências intelectuais de determinado julgador sobre aquelas decorrentes dos textos. De ressaltar-se que o vício nunca pode aproveitar ao seu autor, para que o dolo, ao fim e ao cabo, reste repelido, e não vencedor.

---

[54] Maximiliano, Carlos. Op. cit., p. 162.

Com efeito, aqui cuida-se de posse injusta, eivada de violência e clandestinidade, quando não de ambas. Levado em conta o caráter universal da posse, permanecerá a mesma injusta enquanto não cessadas a violência e a clandestinidade, o que vale dizer, viciada, desde pronto, em sua origem.

Daí não prosperar a invocação de "fatores sociais" com o fito de emprestar regularidade à ato invasivo multitudinário, pois então sim, o vício terminaria por aproveitar ao seu autor, o que aberra o direito e a justiça.

De repisar-se:

"... no momento em que a soberania do Estado se partiu em funções específicas, atribuiu-se ao Judiciário a função jurisdicional. Nunca é demais insistir-se que ao Judiciário cabe aplicar o direito (dizer o direito) às situações contenciosas para que prevaleça o valor justiça. Não é justa a solução jurisdicional que afronta o direito. Pode ser caridosa, quando muito. Mas não é função do órgão jurisdicional praticar a caridade, no sentido popular do termo, isto é, condoendo-se diante de uma situação social e buscando superá-la no bojo do processo, ao arrepio da lei, por motivos meramente morais. Na cena judiciária, o conceito de justiça conforma-se ao conceito de direito. E, não se confunde com a legalidade, não pode aberrar ao ordenamento jurídico posto. Aqui o conceito de justiça não se confunde com a moral.

A função social da propriedade, conforme definida na CF, justamente, impõe-se, corretivamente, através do processo expropriatório. As normas de direito privado acerca da proteção possessória não são injustas. Não aberram ao direito. Não ferem sequer a lei natural. Não é, pois, o caso de aguardar a criação de uma lei justa, ou a derrogação da lei injusta".[55]

[55] JULGADOS. TARGS, 51/164-165.

"Todos sabemos que o direito não pode almejar o monopólio da solução dos conflitos sociais, que há modos complementares de regulação social, que inclusive o próprio direito alimenta-se ou inspira-se muitas vezes nas soluções oferecidas por outros modos de regulação social. Mais ainda, mesmo no plano do modo jurídico de regulação social, há também soluções alternativas, paralelas, complementares ou como se queira qualificar.

Mas sabemos também que o direito não se revela, mas se constrói, não se herda geneticamente, mas se transmite socialmente. Enfim, resulta de uma experiência progressiva e cumulativa. Neste sentido, as soluções alternativas, paralelas, complementares, tanto no âmbito do modo jurídico de regulação social quanto fora do âmbito do modo jurídico de regulação social, não podem ficar aquém dessa experiência progressiva e cumulativa que é o direito.

Estas observações tornam-se pertinentes face ao quadro em que vivemos de ameaças ao Direito na sociedade contemporânea. Não só a emergência de modos alternativos e substitutivos de regulamentação social, ou o surgimento de ordens jurídicas paralelas, claramente em retrocesso ou em atraso com relação ao Direito oficial, mas também, no interior do Direito oficial, a ofensa ao princípio da legalidade, a "flexibilização" de direitos, as tentativas de subordinação do Legislativo, de enfraquecimento do Judiciário, de debilitamento da Constituição, quase sempre a pretexto de uma maior "eficácia" administrativa ou econômica. O resgate da plenitude do modo jurídico de regulação social torna-se, assim, imperioso na perspectiva da construção de uma convivência democrática".[56]

Em conclusão, é de ser parcialmente transcrito Julgado, onde assim se posicionou a douta maioria, relativamente à questão relativa à solução de conflito social:

---

[56] Carrion, Eduardo K. M., *Direito ao Direito*, ZH, 1998.

"POSSESSÓRIA – REINTEGRAÇÃO. DIREITO. CONCEITO DE LÓGICA JURÍDICA. LEI INJUSTA. INTERPRETAÇÃO. PROPRIEDADE. FUNÇÃO SOCIAL. CONSTITUIÇÃO FEDERAL.
'...Compreensão da maioria no sentido de que a eficácia da sentença proferida no interdito de reintegração é *erga omnes*, de que não é dado ao juiz deixar de cumprir a lei, quando dela é que vem sua autoridade, e de que o Judiciário não tem, *no Direito Positivo brasileiro, instrumental para solução de conflito social decorrente da ausência de moradias populares'*.

... No entanto, a douta maioria pensou diversamente, confirmando a determinação judicial de extensão da eficácia subjetiva do julgado a todos os ocupantes do imóvel, mesmo não citados para a causa. Sustentou ela que o interdito de reintegração é ação com força executiva predominante, em cuja execução não cabem embargos. A eficácia da sentença nele proferida *erga omnes* (Pontes de Miranda, *in coments*, ao CPC, T. XIII, p. 272, Ed. For., 1977, citando opinião de Álvaro Velasco, *Decisionum Consultationum*, I/181). Por isto, acolhida a pretensão reintegratória da autora, valerá contra quem quer que se encontre ocupando o imóvel, porque o acolhimento só pode resultar do reconhecimento da inexistência de melhor posse (art. 507 do CC). *Afirmou também a maioria que o Judiciário não tem, no Direito Positivo brasileiro, instrumental para solução de conflito social decorrente da ausência de moradias populares.* O tema de acesso à propriedade vem sofrendo evolução, assim como a questão de sua harmonização com o interesse social. O sistema jurídico já conhece da usucapião especial, premiando a posse *pro labore*, permitindo sua declaração mesmo quando alegada como matéria de defesa (arts. 1º e 7º da Lei nº 6.969, de 10/12/81. De *lege ferenda*, poderá vir a ser adotada a sugestão da reforma proposta ao CC pelo Projeto de Lei nº 634/B, de 1975, em cujo art. 1229, § 4º, se institui a desapropriação judicial quando considerável número de pessoas ·tiveram realizado na coisa obras e serviços, em conjunto ou separadamente, entendidos pelo Juiz de interesse social e econômico relevante. Nesse caso, a sentença poderá vir a fixar, na demanda petitória do proprietário, a justa indenização devida ao *dominus* e, pago o preço, valerá ela como título para transcrição em nome dos possuidores. Isto após posse de cinco anos. Até lá, a maioria dos componentes desta Câmara assevera não tem o Judiciário como não acolher pretensão restituitória formulada pelo proprietário em casos de invasão individual ou coletiva de imóveis. Nem será o Juiz quem deixará de cumprir a lei, quando dela é que vem sua autoridade e somente em seus termos poderá ser exercida".[57]

7 – Do interdito proibitório como providência preventiva

Em se tratando de invasões coletivas, é certo que não necessitará o possuidor ou proprietário aguardar a ocorrência da turbação ou esbulho, para somente então manejar a competente ação interdital. Desde logo, havendo justo receio de ser molestado em sua posse, poderá aforar o pedido de interdito, postulando a expedição do competente mandado proibitório.

Leciona Adroaldo Furtado Fabrício que:

"... o interdito proibitório completa o quadro dos remédios judiciais tipicamente voltados para a proteção possessória. Distingue-o sobretudo o seu caráter *preventivo*, pois não é seu objetivo fazer cessar os efeitos de um ataque à posse já consumado materialmente, mas antes impedir essa consumação. A inclusão desse interdito entre os remédios possessórios típicos (ao invés de deixá-lo no campo do processo cautelar, onde a função preventiva é a regra) implica o reconhecimento de a

---

[57] JULGADOS. TARGS. nº 69/282 e 288.

ameaça de violência ou molestação à posse é já, por si mesma, uma forma de violação à posse. A menos grave delas, por certo, mas nem por isso incapaz de efeitos danosos".[58]

"Uma característica do interdito em sua feição contemporânea: ao *veto* que lhe é essencial, ajuntou-se a coerção indireta de uma sanção pecuniária aplicável no caso de infração. Esse elemento aproxima das ações cominatórias o remédio possessório em causa. É certo que aquelas são mais marcadamente condenatórias, mas também entre elas a preventividade pode ser claramente identificada quando se trata de obrigações *de não fazer*".[59]

Com efeito, a menção ao "justo receio de ser molestado na posse" traz implícita a idéia de ameaça à mesma posse, não referida explicitamente por desnecessário.

"O *justo* receio, de um lado, é o temor justificado, no sentido de estar embasado em fatos exteriores, em dados objetivos. Nesse enfoque, não basta como requisito para obtenção do mandado proibitório o receio infundado, estritamente subjetivo – ainda que existente. Por tibieza de temperamento ou até mesmo por deformação psíquica pode alguém tomar como ameaça à posse o que não passa de maus-modos de um vizinho incivil. O receio passa a existir, mais é infundado, porque não se ancora em fatos objetivos caracterizadores de uma verdadeira ameaça. Não importa essa observação em endosso à tese segundo a qual a ameaça apenas verbal não basta, por não estar no 'domínio concreto dos fatos': palavras também são fatos, e positivamente mais minazes do que outros quaisquer. O que importa é a seriedade da ameaça, sua credibilidade, sua aptidão

---

[58] Fabrício, Adroaldo Furtado. op. cit., p. 570.

[59] Fabrício, Adroaldo Furtado. op. cit., p. 571.

para infundir num espírito normal o estado de receio".[60]

Ora, não bastando para obtenção do mandado proibitório o receio infundado e subjetivo – ainda que existente -, objetivos deverão se mostrar os dados a serem considerados quando da postulação. Nas invasões coletivas, à evidência que inteiramente objetivo e fundado pode se mostrar o receio decorrente da ameaça. Assim, forçoso é reconhecer-se que *um acampamento* próximo à determinada área, onde se observa a natural movimentação e transumância de seus integrantes, constituído por multidão organizada que prega a prática de atos invasivos como regra de sua conduta, constitui-se em evidente *dado objetivo*, apto à formação de fundado receio acerca da real possibilidade de ocorrência de turbação ou esbulho iminente.

Outro não é o magistério de Ovídio Baptista da Silva, ao ponderar que a particularidade de que se reveste o interdito proibitório e que talvez justifique o tratamento que o Código lhe dá, separando-o dos outros dois interditos possessórios, está em seu caráter de demanda preventiva, que se legitima a simples ameaça de ofensa à posse.[61]

E não discrepa a jurisprudência no particular:

"POSSESSÓRIA. INTERDITO PROIBITÓRIO. AMEAÇA DE INVASÃO DE FAZENDAS POR INTEGRANTES DO MOVIMENTO DOS TRABALHADORES RURAIS SEM TERRA. PROVA DA PARTICIPAÇÃO DOS RÉUS OBTIDA EM ATUAÇÃO INVESTIGATÓRIA PREVENTIVA DA POLÍCIA. LIMINAR DEFERIDA. PROTEÇÃO CONCEDIDA DEFINITIVAMENTE. SENTENÇA CONFIRMADA. APELAÇÃO IMPROVIDA.

Nada resta acrescentar à r. sentença apelada, na qual a MM juíza bem apreendeu e examinou a situação

---

[60] Fabrício, Adroaldo Furtado. Op. cit., pp. 572/573.

[61] Silva, Ovídio Baptista da, Op. cit. p. 282.

narrada neste processo. A ameaça de invasão à Fazenda São Caetano, em Promissão, veio do Movimento dos Trabalhadores Rurais Sem Terra, cujas atividades são públicas e notórias no Brasil inteiro.

A grandeza desse movimento exige permanente investigação e vigilância dos órgãos policiais, basicamente para prevenir confrontos com proprietários rurais de conseqüências imprevisíveis, como ainda recentemente aconteceu no Estado do Pará, em que várias pessoas acabaram morrendo.

No caso aqui discutido, em razão dessa atuação preventiva da Polícia Estadual, o Delegado titular de Promissão obteve informações de que os réus pretendiam promover invasões nas Fazendas São Caetano (objeto deste interdito), Jangada e Independência, situadas respectivamente nos municípios de Promissão, Getulina e Lins ou Guaiçara.

Diante dessa circunstância, o autor propôs o interdito, postulando liminar, que lhe foi concedida, com isso se evitando a pretendida invasão.

Depois, durante a instrução, aquela informação obtida pela Polícia, foi inteiramente confirmada pelas testemunhas inquiridas às fls. 61 e 66, arroladas pelo autor, e até mesmo pelas que prestaram depoimentos às fls. 67 e 68, arroladas pelos réus, a primeira delas informando ter ocorrido, efetivamente, a invasão da Fazenda Jangada, em Getulina, e a Segunda reconhecendo os apelantes como pessoas que, em agosto de 1993, cadastravam pessoas para o futuro assentamento.

Portanto, a prova da ameaça de esbulho e da participação dos réus é bem consistente, e impunha o deferimento da proteção possessória requerida, o que foi afinal concedido".[62]

---

[62] 1º TACivSP, AP. Civ. N. 609.877-9, Rel. Juiz Ademir Benedito, 11 de novembro de 1996.

8 – Da legítima defesa da posse e do desforço imediato

Notórios, e inteiramente preocupantes, mostram-se os rumos que vêm sendo tomados pela questão fundiária no Brasil. Não mais surgem como novidade situações tais como a formação de milícias armadas por parte de latifundiários, isso visando à defesa de sua posse. Por outro lado, menos verdadeira não é, a constatação de que movimentos organizados, prontamente, reagiram com a intensificação das invasões.

Associações de ruralistas, dispondo de tais braços armados – de discutível legalidade – poderão se valer, conseguinte, de perigosíssimo mecanismo de defesa da posse e da propriedade, isso se levada em conta a legalidade de que se reveste o instituto da legítima defesa da propriedade privada, consagrada no art. 502 do Código Civil.

Utilizado como instrumento de agitação política, pelos invasores, o problema fundiário nacional terminou por mobilizar outras faixas de excluídos sociais, a reclamar Terra e Teto.

A sistemática surtiu pronto efeito. À evidência que a espera dos ruralistas não se deu de forma letárgica e inerte. Previsível, conseguinte, era a adoção de medidas práticas, pelos proprietários rurais, na defesa de sua fonte de renda. Contudo, se previsível a formação de grupos armados, é certo não sempre passíveis de previsão os resultados daí decorrentes.

A radicalização aberra ao bom-senso, em nada contribuindo para a solução dos conflitos fundiários. Alegar-se o não-cumprimento da lei, por ambas as partes, em nada legitima, a quem quer que seja, trilhar à sua margem.[63]

---

[63] v. ZH, Editorial, 31/3/98.

"No entanto, raro é o dia em que não se vê em manchete dos jornais e em destaque nos telejornais a notícia de ruidosas invasões de propriedades rurais nos mais diversos Estados da Federação, sem que os proprietários encontrem proteção dos órgãos encarregados da segurança pública, não obstantes os esbulhos sejam sempre anunciados com grande antecedência e realizados à luz do dia.

Em seguida, os esbulhados correm à Justiça que quase sempre lhes defere, de pronto, o mandado reintegratório de posse, sem, contudo, lograr execução porque sistematicamente o Governo não põe à disponibilidade do Judiciário, a força pública indispensável.

A Administração, em lugar de atuar harmonicamente com o Poder Judiciário, na manutenção do império da ordem jurídica, prefere comparecer ao processo, por meio do INCRA, para tumultuá-lo com esdrúxulos pedidos de *assistência* aos invasores, forçando, dessa maneira, a suspensão da execução do mandado liminar, graças ao expediente da transferência do feito para a Justiça Federal.

Com isto o tempo vai passando e os invasores consolidam suas posições nos imóveis usurpados, tornando definitiva a arbitrária expulsão dos proprietários, consumada ao arrepio do direito, transformando em *tabula rasa* a garantia fundamental do direito de propriedade, do devido processo legal e de todo o elenco das solenes declarações com que a Carta Magna configurou o Estado Democrático de Direito.

Dir-se-á que também a Constituição assegurou a Reforma Agrária como medida necessária para realizar a justiça social no campo. Mas, não foi pela força e arbitrariedade dos próprios interessados que se programou sua implantação e, sim, pelo meio do devido processo legal e com a adequada e justa composição do equivalente econômico a que fazem jus os atuais proprietários. Com a atual complacência da Administração diante da baderna implantada pelos responsáveis pelo movimento daqueles que se intitulam 'sem terras', o império da lei vai sendo aceleradamente substituído, no conflito do campo, pela barbárie, pela violência e pelo caos.

O certo é que para as pessoas bem prevalece a convicção de que 'ninguém deseja que os conflitos sociais entre *proprietários e trabalhadores sem terra* que invadem áreas rurais se transformem em confrontos violentos e sangüinários, mas não compete ao Poder Judiciário encontrar soluções para o assentamento e fixação de famílias, pobres e miseráveis, cuja atribuição é em tudo e por tudo debitável ao Poder Executivo'.[64]

Contudo, mesmo omitindo-se o Estado-Administração, restam consolidados os institutos da *'Legítima Defesa da Posse'* e do *'Desforço Imediato'*.

No art. 502 do Código Civil, há um resquício de justiça privada; trata-se, em caso de turbação, da legítima defesa da posse, em que o possuidor molestado, seja ele direto ou indireto, pode reagir, pessoalmente ou por sua própria força, contra o turbador, desde que tal reação seja incontinente ou sem demora e se dirija contra ato turbativo real e atual, mediante o emprego de meios estritamente necessários para manter-se na posse".[65]

Prevê o legislador, com este dispositivo, duas situações diferentes: a legítima defesa da posse, no caso de turbação, e o desforço imediato, no caso de esbulho. Em qualquer das hipóteses, ocorrem aplicações da regra geral contida no art. 160, nº I, do mesmo Código, segundo o qual não constituem atos ilícitos os praticados em legítima defesa ou no exercício regular de um direito.

---

[64] Theodoro Júnior, Humberto. *In* RJ 238 – AGO/97 – Doutrina, p. 6.

[65] Diniz, Maria Helena. Op. cit., p. 77.

Ambas as situações devem ser examinadas separadamente, começando pela legítima defesa da posse, que, como legítima defesa contra o delito, constitui reação disciplinada, organizada e sistematizada, dependendo, por isso, do concurso de vários requisitos.

Em primeiro lugar, só o possuidor, direto ou indireto, tem direito de lançar mão dessa defesa excepcional, excluído, pois, o mero detentor, como o preposto. Por outro lado, não importa que a posse seja justa ou injusta, de boa ou má-fé. Em qualquer caso se permite a reação pessoal do possuidor, consistente na *resistência* contra a turbação.

Em segundo lugar, torna-se mister a ocorrência do ato turbativo, real e atual, não se justificando a defesa baseada em simples possibilidade de agressão, problemática e futura. É necessário ainda, a respeito do mencionado requisito, seja injusta a turbação.

Em terceiro lugar, finalmente, deve haver proporcionalidade na reação. O possuidor deverá, tão-somente, praticar os atos estritamente necessários para manter-se na posse. Qualquer excesso será condenável.

Mas, não apenas o possuidor turbado tem direito a essa defesa privada. Também o esbulhado pode restituir-se à posse da coisa, por sua própria força. Eis o que em direito se chama *desforço imediato*, mais amplo que a simples defesa. Cinge-se essa à repulsa da violência, enquanto naquela permite a lei ultrapasse o possuidor dito limite, até que consiga recuperar a posse que lhe havia sido arrebatada.

No exercício desse direito, o possuidor tem de agir com suas próprias forças, embora possa ser auxiliado por amigos e serviçais, permitindo-se-lhe, ainda, se necessário, emprego de armas. É preciso, porém, que o próprio possuidor, em pessoa, coloque-se à testa da reação, assumindo-lhe a responsabilidade, pois o desforço constitui ato indelegável.

Em qualquer dos casos, tanto no do possuidor turbado, como no do possuidor esbulhado, é mister que a reação se faça sentir *incontinenti*, que ela se execute sem demora, com a maior presteza.

Dúvida tem surgido entre os autores acerca da exata compreensão das palavras *contanto que o faça logo*, usadas pelo legislador. Para *Clóvis*, a reação do possuidor tem de ser imediata, *em ato contínuo*, segundo o modo de exprimir-se de seu projeto primitivo (art. 575). Assim, no caso de simples turbação, a defesa exercitar-se-á pela resistência ao turbador; no próprio ato da turbação, no momento em que essa se faz sentir. No caso de esbulho, a repulsa deve ser sempre imediata, logo em seguida à perda da posse.[66] Já restou decidido, que todos os direitos merecem proteção,[67] e a posse e a propriedade se constituem em direitos juridicamente tutelados. Age *secundum jus* quem defende sua posse no ato mesmo de sua turbação, valendo-se do desforço incontinenti previsto no art. 502 do CC.[68]

Da mesma forma, "desde que o paciente comprovou a posse e a propriedade das terras em que, à evidência, disparou arma de fogo contra invasores, não pode ter cometido crime, sequer em tese, eis que agiu em obediência ao art. 502 do CC, que prevê a chamada legítima defesa da posse".[69]

Também de ser considerado, tratar-se o Código Civil em vigor, de diploma legal quase centenário. No início do século, como é bem de ver, além de ser impensável o surgimento de movimentos organizados a reclamar assentamento, precaríssimos eram os meios de comunicação, bem como, na prática, inexistentes se fa-

---
[66] Monteiro, Washington de Barros. Op. cit. pp. 53/54.
[67] Jutacrim, 8/161.
[68] Jutacrim, 29/335.
[69] TACRIM – SP – RHC – Rel. Carvalho Neto – RDJ 1/204; JUTACRIM 97/463 eRTJE 61/233.

ziam os meios de acesso às regiões de produção primária.

Praticamente ainda ao tempo dos "campos neutrais", preocupou-se o legislador material, em conceder ao próprio possuidor ou titular do domínio, o direito de defender-se, direta e pessoalmente, em caso de turbação ou esbulho. Não se discute, como já se viu, a legitimidade que tem, tanto o possuidor quanto o proprietário de se valer do instituto da legítima defesa da posse e do desforço imediato.

Contudo, os tempos são outros, ainda que íntegra permaneça a legislação civil no particular. Modernamente, toca ao próprio Estado garantir tais direitos quando violados mediante a utilização de força pública especializada, dentre outros mecanismos de manutenção da paz social. A ninguém interessa o enfrentamento direto, mormente, se ponderadas as conseqüências que poderiam daí advir. Então dizer-se da inteira necessidade do pronto comparecimento da Administração com vistas ao gerenciamento do conflito. É dever do Estado a manutenção da ordem, e sua omissão em situações como a que se cuida, além de inconcebível, certamente estaria incentivando a ocorrência de confronto entre proprietários e invasores.

É do magistério de Humberto Theodoro Júnior a ponderação no sentido de que:

"... sempre que a lei assegura ao titular de uma situação jurídica a não ingerência violenta de outrem, fica ao mesmo tempo assegurado à vítima da ofensa ao bem tutelado o 'emprego da força' em reação à violência do agressor. Em conseqüência essa repulsa da força própria ao agressor da *regra da não-violência*, 'não entra no mundo jurídico como ato ilícito, desde que se contenha nos limites que a lei pressupôs' (Pontes de Miranda, op. cit., par. 1.110, p. 283).

Na verdade o art. 502 prevê duas situações de reação privada do possuidor contra aquele que lhe agride a posse:

a) A primeira é aquela em que, antes da perda da posse, a vítima repele, com força própria, o agressor. Nesse caso é que Pontes de Miranda admite a configuração jurídica da *legítima defesa da posse* (op. cit., par. 1.110, p. 283). Corresponde apenas às hipóteses de *turbação da posse*.

b) A segunda é aquela em que o possuidor chega a perder a posse, e emprega força própria para recuperá-la 'logo em seguida'. Aqui já não se pode tecnicamente qualificar a reação como exercício de 'legítima defesa', mas, sim, de *desforço imediato*, que pressupõe *esbulho consumado* (Pontes de Miranda, op. cit. § 1.111, p. 284)".

Nesse sentido o parág. único do art. 505 faz referência, tanto a "atos de defesa" como a "atos de desforço".

Todos eles, porém, são *legítimos* e se subordinam aos mesmos requisitos, ou seja: deverão a autodefesa e o desforço ser praticados "mediante o emprego de meios estritamente necessários", seja para "manter-se na posse", seja para "restituir-se nela" (CC, art. 502, par. único). Hão, pois, de conjugar-se:

a) a *atualidade da agressão*, ou sua recente consumação;

b) a *moderação da repulsa*, que nunca pode ir além dos atos indispensáveis à manutenção ou restituição da posse.

"Assim sendo, se a assistência do Estado revelar-se tardia ou não puder ser oportunamente invocada, o possuidor poderá reagir para manter-se na posse molestada, evitando excessos, segundo o princípio do *moderamen inculpatae tutelae*, ou seja, da moderação da legítima defesa" (Maria Helena Diniz, *CC Anotado*, SP, Saraiva, 1995, p. 385).

É justamente nos Pretórios que prevalece a tese no sentido de que:

"Não comete infração penal, sequer em tese, a vítima de ameaça ou esbulho de sua posse que, sem exceder o indispensável à manutenção ou restituição, a recupera por sua própria força e autoridade. O 'desforço imediato' e a 'resistência' são formas de legítima defesa da posse, que não se limita à repulsa da violência, mas autoriza até a obtenção da restituição da posse pela própria força"(TJSP, Rec. 120.406, Rel. Des. Alves Braga, RT 461/341).[70]

9 – Do esbulho possessório como ilícito penal

Prescreve o art. 161, § 1º, II, do Código Penal, que comete crime quem "invade, com violência à pessoa ou grave ameaça, ou mediante concurso de mais de duas pessoas, terreno ou edifício alheio, para o fim de esbulho possessório" (sic).

Como se vê, aqui também é tratado, pelo legislador penal, de forma específica, o esbulho coletivo, ao referir-se ao concurso de duas ou mais pessoas. Contudo, o esbulho possessório, conforme reclamado pelo pressuposto normativo antes invocado, há que ser hostil, tanto que tal prática, uma vez ocorrida sem violência à pessoa ou ameaça, não configura o delito.[71]

Quanto ao sujeito passivo, poderá ser o proprietário ou possuidor, direto ou indireto, dentre os quais o arrendatário, usufrutuário, locatário, dentre outros.

Conforme já ponderado, não prescinde o tipo penal, à caracterização do delito, da ocorrência de *violência à pessoa ou grave ameaça,* não bastando, conseguinte, o simples ato invasivo pacífico a cargo dos esbulhado-

---

[70] Theodoro Júnior, Humberto. RJ 238 – AGO/97 – Doutrina, pp. 9/10.

[71] RT, 563/335.

res. Do mesmo modo, o elemento subjetivo *dolo*, há que se fazer presente no momento da invasão, assim praticado por agentes dotados de consciência e vontade de praticar o ato criminoso, sem prescindir, jamais do elemento anímico: *o fim do esbulho possessório*.

Até mesmo o ato turbativo, não expressamente referido pelo legislador penal, será considerado crime, desde que essa turbação também guarde o fim de esbulhar.

Outrossim, interessante questão, estreitamente ligada ao direito civil, não raro é observada em situações tais, ou seja, a ocorrência de esbulho como crime, sobre coisa cuja titularidade se litigue, ou seja, sobre coisa de propriedade contestada, passível a controvérsia de decisão no Juízo cível competente.

Exemplificativamente, se sobre a área esbulhada, pender ação interdital, ou mesmo pleito petitório, não há que se cogitar acerca de crime de esbulho, posto que sequer a titularidade da posse ou propriedade acha-se decidida no âmbito cível.

Decidido restou, que:

"O esbulho possessório é caracterizado pelo emprego de violência corporal à pessoa, ou pela grave ameaça, ou pelo concurso de mais de duas pessoas no ato da invasão à coisa alheia. Na ausência desses quesitos e se sobre o objeto questionado *existe ação possessória entre querelante e querelado*, não se configura o esbulho possessório no sentido penal, devendo o *habeas corpus* ser concedido para trancar o processo por falta de justa causa".[72]

Como visto na situação antes configurada no precedente jurisprudencial citado, houve a impetração de *habeas corpus* em favor do esbulhador, cuja invasão deu-se sobre área onde pendia ação possessória no Juízo

---
[72] RT, 616/351.

cível. Com a concessão da ordem, houve o trancamento da ação penal por falta de *justa causa*. Assim posto, vê-se que nada está a impedir o réu, no caso de vir a ser acionado criminalmente, de impetrar o competente *habeas corpus* para trancamento da ação penal, em qualquer fase do processo até a sentença, na pendência da ação possessória ou petitória versando sobre domínio ou posse do bem invadido.

Todavia, mesmo aqui, nada está a impedir que a vítima de crime de esbulho possessório, também se valha de atos de defesa com o fito de defender sua posse espoliada, sendo juridicamente legítima sua ação.

Decidido restou:

"LEGÍTIMA DEFESA – JUSTA CAUSA – ESBULHO POSSESSÓRIO – RÉU QUE SE ARMA PARA DEFESA DA SUA PROPRIEDADE – IMEDIATICIDADE – JUSTIFICATIVA RAZOÁVEL PARA SE ENCONTRAR ARMADO EM SUA PROPRIEDADE – SENTENÇA CONDENATÓRIA REFORMADA – ENTENDIMENTO DO ART. 502 DO CC. No que concerne ao lapso temporal (manter-se ou restituir-se por sua própria força, contanto que o faça logo), não estava o réu de todo desacobertado da sua oportunidade. A conceituação civil da imediaticidade para a defesa da propriedade privada, é mais ampla do que a penal. Basta que o faça logo, o que equivale a dizer tanto quanto imediatamente seja possível".

"O art. 502 do CC assim se expressa: 'O possuidor turbado ou esbulhado, poderá manter-se, ou restituir-se por sua própria força, contanto que o faça logo'. Ora, é inegável que o réu estava agindo dentro de um direito seu, vale dizer, na defesa legítima de sua propriedade, injustamente invadida pelos co-réus, como eles próprios os confessam. Por outro aspecto, é também imperioso reconhecer que, numa situação daquele jaez, considerando a natural gravidade de um esbulho possessório, bem assim o pensamento e a reação do homem médio nesses casos, não se poderia exigir dele que fosse ao terreno completamente desarmado.

Poder-se-ia opor dois argumentos. O primeiro no sentido de que a invasão do terreno pelos có-réus já havia se operado e consumado; e não havendo prova nos autos da data precisa do esbulho possessório, inexistiria a imediaticidade da legítima defesa tratada no art. 502 do CC. O segundo argumento, no sentido de que haveria o apelante de buscar o remédio jurídico-processual adequado, vale dizer, o ajuizamento do competente interdito possessório, e não dirigir-se pessoalmente à sua propriedade para desalojar os invasores.

Contudo, ainda assim, a via absolutória é a que se impõe. É que, no concernente ao lapso temporal (manter-se ou restituir-se por sua própria força, contanto que o faça logo), não estava o réu de todo desacobertado de sua oportunidade. A conceituação civil da imediaticidade, para a defesa da propriedade privada, é mais ampla do que a penal. Basta que o faça logo, o que equivale a dizer, tanto quanto imediatamente seja possível. Presentemente, não se apurou com precisão a data do esbulho possessório, havendo informações no inquérito policial de que teria ocorrido há coisa de quatro dias antes. Ora, não se pode dizer, mormente em falta de melhor detalhamento probatório, tardia ou extemporânea a conduta do réu, ao pretender dialogar e eventualmente desalojar os invasores de seu imóvel.

O segundo argumento, no sentido de necessidade da via judicial, através dos interditos possessórios, seria de notória ineficácia, além de onerosa e incerta na necessidade de rápida solução. Sabidamente as ações possessórias são vias processuais morosas, em alguns casos não apenas demoradas, mas de resultados controvertidos, dado o formalismo do próprio processo judicial, sem contar a possibilidade de ocorrência das chamadas *questões sociais*, não raro preponderando sobre o jurídico privado.

Nem seria necessário acrescentar-se, outrossim, que a matéria não era de ordem policial ou criminal, porém eminentemente civil. Logo, inútil seria argumentar-se com a necessidade de o apelante se socorrer, previamente, do concurso da polícia, posto que jamais reclamos seus a essa autoridade poderiam merecer atendimento e resultados compatíveis.

Com estes pressupostos, fáticos e jurídicos, importa concluir que era razoável e justificável ao apelante não só tentar defender sua propriedade, ilegalmente invadida, como para lá dirigir-se com a arma de fogo consigo apreendida. Encontrava-se efetivamente, numa situação de defesa legítima de sua propriedade, não se lhe podendo exigir conduta diversa, que não para lá dirigir-se armado. Mesmo porque, sua esposa e filha, ao que consta dos autos, ali também se encontravam no momento.

Sabe-se que as contravenções penais, de modo geral, não exigem o elemento subjetivo para sua configuração. Porém, é preciso Ter um senso de medida, principalmente de justiça nessa assertiva. Afinal, se não é exigida a intenção de portar a arma sem a devida licença, há de se exigir, ao menos, que esse porte sem licença não seja por nenhum modo justificado. No caso presente, no entanto, o porte do revólver não era injustificado. Para não ser acaciano, basta lembrar que o réu se dirigiu e se encontrava na sua propriedade, e ali veio de ser, efetiva e comprovadamente, agredido pelos invasores de seu imóvel e esbulhadores de sua respectiva posse".[73]

Derradeiramente, no concernente a "grupos invasores", no que diz com o aspecto penal da questão, mais difícil seria – se não impossível -, individualizar e bem delimitar a conduta de cada um dos esbulhadores para o fim de fixação de eventual responsabilidade cri-

---
[73] RT, 680/358-359.

minal. No geral, o que se vê em sede de invasões multitudinárias, são grupos definidos, e não pessoas a praticar atos que permitam a individualização de cada conduta.

Mais ainda, nesse universo humano, que se constituem os grupos invasores organizados, constata-se a presença de menores e, porque não admitir-se, de inimputáveis. Sem qualificativos suficientes, a tentativa de se identificar, com a precisão e clareza reclamadas pela lei penal, a exata postura de cada integrante do movimento naquele ato esbulhatório específico, fatalmente, terminaria por decretar o insucesso de qualquer ação penal. O próprio caráter multitudinário que está a envolver tais situações, bem se presta a não possibilitar a fixação exata da conduta desse ou daquele invasor, no caso concreto o que em matéria penal, não pode ser desconsiderado.

10 – Da omissão do Estado e crise social. Intervenção federal

Conforme já ressaltado nesta abordagem, resta inteiramente incompreensível a postura omissiva adotada pelo Estado e também pelo Poder Público municipal, tanto no trato da questão fundiária como no que respeita à política urbana, o que emerge como obrigação da Administração, consoante mandamentos constitucionais expressos.

"Os Tribunais brasileiros não têm se recusado a cumprir a tarefa que lhes toca na tutela jurisdicional do direito de propriedade e na preservação do império da lei, da ordem pública e da segurança do convívio social".[74]

---
[74] Theodoro Júnior, Humberto. Op. cit. p. 10.

Ao colacionar arestos de inteira pertinência ao trato da questão em tela, ressalta-se:

"Evidentemente que ninguém pode deixar de lamentar a grave situação social reinante no País. Mas, sua reversão não pode ser feita com o sacrifício da ordem jurídica, cuja proteção cabe ao Judiciário.

Além disso, a exclusão social é fato social, econômico e político, mas não jurídico, motivo por que não excepciona o excluído da igualdade de todos perante a lei.

Assim, o fenômeno econômico e social da exclusão não dá ao excluído o direito de exercer arbitrariamente suas próprias razões, nem o de invadir, desapossar, roubar ou matar. No estado de Direito ninguém está acima da lei.

Portanto, a exclusão social, que se lamenta, não assegura aos excluídos a impunidade face às conseqüências legais dos atos que praticam" (AI 226.647-7, TAMG, Rel. Juiz Lauro Bracarense, Ac. 28/11/96).

Na mesma linha decisória:

"A intenção dos apelantes, de invadir as terras era pública. A ameaça concreta à posse dos apelados se caracterizou, autorizando a procedência da ação. A reforma agrária é prevista pela Constituição e a execução de uma política rural é dever do Governo. Nada autoriza, porém, no Estado Democrático de Direito, que a propriedade privada seja turbada ou esbulhada para, mediante atos de força e fatos consumados, se precipitar aquela reforma.

Com a Constituição de 1988, diversas reformas infraconstitucionais foram previstas dentro de seu conjunto programático.

Eu tenho a convicção, sem desejar estabelecer uma ordem de prioridade rígida, de que as duas mais importantes normas previstas pela Constituição eram as do CDC, que veio com a Lei 8.078/90 e a Lei de Política Agrícola.

A omissão reiterada do Congresso Nacional e, sobretudo, do Presidente da República, na condução de uma lei eficaz, de um processo legislativo que estabeleça, a política agrícola prevista pela Constituição, esta omissão indesculpável não autoriza, entretanto, que sejam utilizados métodos atrasados, selvagens, como os que estão, no momento, causando grande preocupação ao País neste já tão divulgado 'Movimento dos Sem Terra'." (TAMG, Ap. 221.495-0, ac. 16/04/96, Rel. Juiz Almeida Melo).

"A propriedade – prossegue o lúcido decisório -, tem função social, entretanto, a função social da propriedade não pode ser extraída pela violência ou pelo sangue. O Estado deve aparelhar a legislação e aparelhar a execução do Governo dos métodos e dos instrumentos que se façam necessários, mas não é compatível com os princípios fundamentais da Constituição, dentre os quais estão a dignidade da pessoa humana e o trabalho como valor social que se usem recursos medievais como aqueles que têm feito causar espécie aos foros de civilização de nosso Estado, que é o retorno a uma época de selvageria".

Enfim, o acórdão manteve a tutela possessória outorgada aos proprietários ameaçados de invasão em suas terras no conturbado município de Iturama, relatando que:

"A decisão recorrida foi prudente, pois a indiscutível necessidade de reforma agrária não é aceita como justificativa para a violência, a arbitrariedade e a negação do próprio Direito" (TAMG, ac. Cit.).

No estado de São Paulo, onde, no momento, a violência recrudesce pelo ostensivo posicionamento dos "Sem Terra" em torno de um programa voltado para um crescente volume de invasões, na região do Pontal do Paranapanema, a Justiça de 1º Grau, com o respaldo do TJ, dá curso a ação penal contra os mentores do bárbaro projeto, enquadrando-os como responsáveis, entre outros, pelo crime de formação de quadrilha e sujeitando-os à prisão preventiva.

No Estado do Paraná, sucessivos mandados de reintegração de posse foram prontamente expedidos contra os esbulhos praticados pelos "Sem Terra". Diante da sistemática recusa do Governo de dar execução a tais mandados houve até decretação de intervenção federal no Estado. E como conseqüência dos atos intencionalmente omissivos da Administração estadual, o TJ daquele Estado acolheu ação indenizatória promovida pelos proprietários vítimas das invasões, nos termos seguintes: "Não tendo o estado do Paraná, como lhe competia, cumprido *decisão judicial*, fato que ensejou pedido de intervenção federal acolhido pelo TJ e remetido à Suprema Corte, deve ser responsabilizado civilmente a reparar os *danos e prejuízos* decorrentes de sua injustificável omissão '... Descumprindo o Estado do Paraná decisão judicial inatacada, propiciou a que os invasores da propriedade alheia causassem os prejuízos já constatados, pelos quais tem o dever jurídico de responder civilmente' (TJPR, Rec. Nec. 13.404-3, ac. 17708/93, Rel. Des. Oto Luiz Sponholz, RT, 706/147).

O quadro eboçado evidencia que não tem cabido ao Judiciário o papel de desintegrador da ordem jurídica vigente".[75]

Com efeito, dos arestos antes transcritos, de inteira relevância emerge a preocupação, não só do Doutrinador citado, mas também aquela estampada no corpo dos acórdãos, relativamente à postura omissiva e letárgica do Estado-Administração no trato das questões sociais que lhe competem. É novamente exato ao

---
[75] Theodoro Júnior, Humberto. Op. cit. pp. 10/12.

proclamar: "Os Tribunais brasileiros não têm se recusado a cumprir a tarefa que lhes toca na tutela jurisdicional do direito de propriedade e na preservação do império da lei, da ordem pública e da segurança do convívio social".

Ora, os nossos Tribunais, ordinariamente, além de prestar jurisdição ao caso concreto, terminam por preencher aquelas lacunas sociais, de competência única e exclusiva da Administração, não cumpridas por inconcebível omissão do Estado. É certo que aos olhos da opinião pública, é o Poder Judiciário quem reintegra, mantém ou proíbe. Aqui não se perquire se a Administração cumpre ou não seus deveres constitucionais.

Daí ser correta a assertiva de que a paz social jamais poderá ser feita com o sacrifício da ordem jurídica, vez que a exclusão social pode ser fato econômico ou político, mas nunca jurídico, isso na exata medida em que todos se mostram iguais perante a lei. Na verdade, exclusão social nunca assegurou impunidade a qualquer ato passível de punição. Assim é no Estado Democrático de Direito.

De serem pinçadas, ainda, manifestações tais como "omissão indesculpável não autoriza, entretanto, que sejam utilizados métodos atrasados, selvagens, como os que estão no momento causando grande preocupação ao País neste já tão divulgado Movimento dos Sem Terra". Do mesmo modo, plasmado restou que a função social da propriedade não pode ser extraída pela violência ou pelo sangue, devendo o Governo aparelhar a execução de tais medidas, sem que *se usem recursos medievais como aqueles que têm feito causar espécie aos foros de civilização de nosso Estado, que é o retorno a uma época de selvageria.*

Por derradeiro, é ao ser enfatizada a sistemática recusa do Governo do Estado do Paraná de dar execução aos mandados reintegratórios concedidos, o que gerou a decretação de intervenção federal naquela Unidade Federativa, que mais revela a face omissiva da Administração no que toca à questão de terra e teto.

Assim posicionou-se o Órgão Especial do Tribunal de Justiça daquele Estado, ao decidir pela decretação de intervenção federal:

"POSSESSÓRIA. REINTEGRAÇÃO DE POSSE. INVASÃO DE TERRAS – LIMINAR DEFERIDA E ORDENADA A EXPEDIÇÃO DE MANDADO DE REINTEGRAÇÃO – NÃO CUMPRIMENTO DA ORDEM JUDICIAL POR OMISSÃO DA AUTORIDADE COMPETENTE – INTERVENÇÃO FEDERAL – ADMISSIBILIDADE – INTELIGÊNCIA DO ART. 35, IV, PARTE FINAL DA C.F.

1) O caso em exame envolve grave problema social, o qual não compete ao Poder Judiciário resolvê-lo, por não se encontrar na esfera de suas atribuições e sim determinar o cumprimento da lei, inclusive de norma constitucional que assegura o direito de propriedade.

2) Indiscutível, no caso concreto, que a decisão judicial deixou de ser cumprida por omissão da autoridade competente e, por isso, cabível a intervenção federal, na forma autorizada pelo art. 35, IV, parte final da Constituição Federal".

"1) Ressalte-se inicialmente, que o requerente provou a sua condição de proprietário do imóvel ocupado pelos réus, através dos títulos dominiais que instruíram a lide possessória.

2) O direito do requerente sobre o imóvel está assegurado pela legislação vigente, ou seja, pelos arts. 499 e 532 do CC *usque* 931 do CPC e art. 5º, XXII da Constituição Federal.

3) Tem em seu favor uma liminar e, presentemente, uma sentença, já que a ação de reintegração de posse ajuizou contra os réus foi julgada procedente e ditas decisões, a essa altura, não foram alteradas ou modificadas.

4) A decisão proferida, como se infere dos autos e como reconhece o próprio Governador do Estado, não foi cumprida e, por isso, cabível a intervenção federal, na forma autorizada pelo art. 35, IV, parte final, da Constituição Federal.

5) A alegação do Exmo. Sr. Governador, de que o Estado não tem condições econômicas para suportar as despesas que se fizerem necessárias para retirar os invasores do imóvel, não pode ser acolhida, já que é fato público e notório, inclusive pelo Sr. Chefe do Executivo, que o Paraná tem uma situação econômica privilegiada entre as demais unidades da Federação.

6) A questão discutida nestes autos, sem sombra de dúvida, envolve grave problema social; o certo, no entanto, é que não compete ao Poder Judiciário resolvê-lo, solucioná-lo, por não se encontrar na esfera de suas atribuições e sim determinar o cumprimento da lei; inclusive de norma constitucional que assegura o direito de propriedade e dar a prestação jurisdicional requerida, como é de seu dever.

7) Indiscutível, no caso concreto, que a decisão judicial deixou de ser cumprida, por omissão da autoridade competente, ou seja, do Exmo. Sr. Governador do Estado. É óbvio que o mandado de reintegração de posse deve ser cumprido, cercado com as indispensáveis cautelas para evitar que alguém saia lesionado.

Ante o exposto: "Acordam os Desembargadores integrantes do Órgão Especial do Tribunal de Justiça do Paraná, por unanimidade de votos, em julgar procedente o pedido, para efeito de solicitar ao c. Superior Tribunal de Justiça a intervenção requerida, a fim de ser cumprida a reintegração de posse deferida nos autos sob nº 121/89, ...".[76]

11 – Direito Alternativo.
Confisco através da jurisdição?

À evidência que, ao ser abordado tema de marcante cunho social como o que ora se cuida, insta que

[76] RT, 719/226-228.

sejam examinados, no plano da exegese jurídica, os mais variados processos de interpretação da norma positivada, bem como, o surgimento de novas realidades sociais, inteiramente capazes de autorizar a adoção de distintos métodos interpretativos e de aplicação do Direito.

Vários autores e operadores do Direito já se ocuparam da questão, observando-se, no particular, considerável divergência de métodos no que diz com a aplicação, ou não, da norma positiva dogmática, isso levando-se em conta o caso concreto sob exame. E não se diga acerca de eventuais inadequações dessa ou daquela corrente interpretativa, vez que judiciosos e inteiramente defensáveis mostram-se os posicionamentos observados, quer seja no plano ético, moral ou jurídico. Não se pretende a polêmica, menos ainda, apontar a observância de acertos ou equívocos ocorrentes nos mais variados processos de hermenêutica modernamente adotados no trato das questões relativas a terra e teto. Contudo, o posicionar-se, *in casu*, mostra-se urgente e necessário.

Com sua habitual maestria, já advertia Carlos Maximiliano, que:

"... o hermeneuta *usa* mas não *abusa* da sua liberdade ampla de interpretar os textos; adapta os mesmos aos *fins* não previstos outrora, porém compatíveis com os termos das regras positivas; somente quando de outro modo age, quando se excede, incorre na censura de Bacon – a de *'torturar as leis a fim de causar torturas aos homens'*.

O fim primitivo e especial da norma é condicionado pelo objetivo geral do Direito, mutável com a vida, que ele deve regular; mas em um e outro caso o escopo deve ser compatível com a letra das disposições, completa-se o preceito por meio da exegese inteligente; preenchem-se as lacunas, porém não *contra legem*.

Não queremos o arbítrio do juiz. Não o admitimos por preço nenhum. Pretendemos, entretanto, quando a lei não ordene com uma certeza imperativa, que o magistrado possa marchar com o seu tempo, possa levar em conta os costumes e usos que se criam, idéias que envolvem, necessidades que reclamam uma solução de justiça.

Do exposto já se depreende dever-se apelar para os *fatores sociais* com reserva e circunspecção, a fim de evitar o risco de fazer prevalecerem as tendências intelectuais do juiz sobre as decorrentes dos textos, e até mesmo sobre as dominantes no *meio* em que ele tem jurisdição".[77]

Aqui, como se vê, consagra-se o elemento teleológico.

Contudo, não há como ser desconsiderado o magistério de Antonio Carlos Wolkmer, ao abordar o surgimento de novos sujeitos sociais como fontes de produção jurídica. Assim que:

"Certamente, a inoperosidade da instância jurisdicional e a desatualização da legislação positiva dogmática propiciam a expansão de procedimentos extrajudiciais e práticas normativas não-estatais, exercidas e consesualizadas por movimentos sociais que, ainda que marginalizados e inseridos na condição de 'ilegalidade' para as diversas esferas do sistema oficial, definem uma nova forma de legitimação.

O problema das fontes do Direito numa sociedade periférica, marcada por uma cultura autoritária e formalista, não está mais unicamente na priorização de regras técnico-formais e nas ordenações teórico-abstratas, porém, na interação de uma práxis do cotidiano e na materialização comprometida com a dignidade de um novo sujeito social. Os centros geradores de Direito

---
[77] Maximiliano, Carlos. Op. cit. pp. 154/155 e 160.

não se reduzem tão-somente às instituições e aos órgãos representativos do monopólio do Estado, pois o Direito, por estar inserido nas e ser fruto das práticas e relações sociais cotidianas, emerge de vários e de diversos centros de produção normativa. Trata-se de uma nova forma de gerar legitimidade, a partir de práticas e relações sociais surgidas na concretude do cotidiano. Naturalmente que a conseqüência desse processo de redefinição das fontes de produção jurídica envolve também a transformação do Estado como núcleo exclusivo e absoluto do poder societário. Encarar o Estado sob novas funções implica não mais vê-lo como tutor permanente da Sociedade e detentor único do monopólio de criação jurídica, mas, agora, como uma instância democratizada mandatária da Comunidade, habilitado a prestar serviços a uma ordem pública plenamente organizada pelo exercício e pela participação da cidadania individual e coletiva.

As novas exigências, necessidades e conflitos em espaços sociais e políticos periféricos, tensos e desiguais, torna, presentemente, significativo reconhecer, nos sujeitos coletivos emergentes, uma fonte geradora de novos direitos, direitos flexíveis e menos formalizados.

Ainda que possa haver resistência por parte da cultura oficial dominante e de seus aparatos burocráticos, a comprovação desses sintomas de 'legalidade paralela ou concorrente' torna-se, na atualidade, gradativamente inconteste e por demais evidente.

A partir de práticas sociais e cotidianas e necessidades efetivas, internalizadas por sujeitos emergentes que têm consciência, sentimento, desejo e frustrações, emerge uma nova concepção de direitos mais mutável, elástica e plural que transcende aos direitos estatais consagrados nos limites dos códigos oficiais e da legislação positiva. Impõe-se, assim, a compreensão e mentalização não apenas por direitos estáticos ritualizados e eqüidistantes das aspirações da coletividade, mas 'direitos' vivos referentes à qualidade de vida, ou seja, à subsistência, à saúde, à moradia, à educação, ao trabalho, à segurança, à dignidade humana, etc. Assim, esses novos direitos têm sua eficácia na legitimidade dos múltiplos sujeitos 'sujeitos coletivos da juridicidade', legitimidade assentada nos critérios das necessidades, participação e aceitação. É inegável, hoje, num projeto de juridicidade alternativa, a importância e a interferência destes novos sujeitos e de seus valores para dar eficácia a uma nova legalidade, uma legalidade advinda de práticas e negociações resultantes de demandas sociais, carências e necessidades básicas.

Enfim, algumas preocupações aqui apresentadas incidem no contexto de sociedades periféricas em transição paradigmática e que encaminham para o final do século, como a brasileira, marcadas por crises político-institucionais e por uma cultura jurídica tradicional obsoleta, que não consegue mais responder integralmente às novas formas de conflitos coletivos e às crescentes demandas sociais. Isso permite discutir a questão dos fundamentos (crise e mudança dos paradigmas), dos novos atores coletivos de legitimação (os movimentos sociais mais recentes), bem como das formas alternativas de revelação jurídica. Trata-se, em suma, de uma discussão hoje essencial para redefinir e fazer avançar o projeto de uma juridicidade democrática, pluralista e participativa, adequada às contingências histórico-sociais das sociedades latino-americanas, como a brasileira".[78]

Com efeito, ambas as teses apresentam-se inteiramente defensáveis. Tanto a primeira, onde prepondera o elemento teleológico como parâmetro adequado e mais consentâneo à interpretação da norma positivada,

---

[78] Wolkmer, Antonio Carlos. *Direito Alternativo e Movimentos Sociais*. Doutrina, 1. Instituto de Direito. 1996. pp. 524/526.

quanto a segunda, que consagra o direito alternativo como forma justa de solver as questões sociais como novos paradigmas de juridicidade.

No plano jurisprudencial, no que diz com as invasões coletivas de imóveis urbanos e rurais, outra não é a realidade observada, isso na exata medida em que nossos Pretórios vêm se valendo dos mais variados critérios interpretativos ao exame da questão relativa aos esbulhos multitudinários. Daí não poder, qualquer que seja, ser desconsiderada a decisão estribada em alguma das orientações sob enfoque, ainda que se note uma considerável inclinação de nossos Tribunais, no sentido de que a norma deverá ser interpretada teleologicamente, o que se mostra correto, sem a prevalência de fatores outros, capazes de inclusive, negar a aplicação do direito positivo ao caso concreto permitindo, a prolação de *decisum contra legem*.

Com inteiro acerto, conseguinte, o voto assim manifestado:

"AÇÃO DE REINTEGRAÇÃO DE POSSE. Invasão por parte de agricultores intitulados de 'sem terra', em propriedade particular. Ilegalidade da ocupação, configuradora do esbulho, que não pode ser admitida nem explicada, seja pela alegação de reforma agrária, seja pela expedição de decreto expropriatório, seja pelo argumento de se tratar de terra improdutiva, seja pela invocação do problema social, seja pelo alegado direito subjetivo de acesso à terra, seja, finalmente, pela alusão ao art. 5º da Lei de Introdução ao CC. A produtividade ou não da terra é matéria a ser discutida para efeitos de desapropriação. A expedição de decreto expropriatório não permite a ocupação da fazenda, mesmo porque não ocorreu, ainda, a imissão na posse e os efeitos do ato desapropriatório foram suspensos pela Justiça Federal. Fatos devidamente demonstrados, divulgados pela imprensa, admitidos pelos próprios demandados, que não podem negá-los, e repetidos mesmo após a concessão de liminar reintegratória. Sentença de procedência mantida, embora em julgamento antecipado, face às peculiaridades do caso, tornando-se desnecessária a dilação probatória. Comprovação de todos os pressupostos exigidos por lei. Demonsrada a posse da demandante, que não pode ser negada, e comprovado devidamente o esbulho, outra não pode ser a solução. Preliminar de cerceamento de defesa repelida. O art. 5º, inc. LV, da CF, não impede a concessão de liminar possessória. A não remessa do agravo de instrumento, interposto contra a decisão concessiva da liminar, decorreu, também, da inércia dos agravantes, que não tomaram as providências devidas, entre elas, a indicação de peças para a formação do traslado. De qualquer sorte, o julgamento de procedência, tornando definitiva a liminar tirou o objeto do recurso interposto contra a decisão interlocutória. Apelação não provida".[79]

Como se vê do aresto cuja ementa foi transcrita, nenhum dos argumentos adotados como matéria de defesa restou acolhido, ante a alegação de que a ocupação configuradora de esbulho *não pode ser admitida nem explicada*. Assim: *Comprovação de todos os pressupostos exigidos por lei. Demonstrada a posse da demandante, que não pode ser negada, e comprovado devidamente o esbulho, outra não pode ser a solução.*

Derradeiramente de ser parcialmente transcrito, novamente, o lúcido e esclarecedor voto assim vertido:

"Ora, a justiça prestada pelo Órgão jurisdicional é a justiça que flui o direito. Não a *justiça moral*. E se a *norma legal* não aberra ao *direito*, impõe-se ao Juiz aplicá-la, ainda que lhe *pareça* injusta. Mesmo que o faça constrangidamente. O princípio da divisão dos Poderes do Estado (ou a divisão das *funções* da soberania do

---
[79] JULGADOS – TARGS, 77/238-239.

Estado) veda ao Juiz a não-aplicação da lei, ou porque não comunga com suas raízes, ou porque lhes desagradam as conseqüências. O Judiciário não formula regras jurídicas. Não é da sua competência. O Legislativo elabora as leis. O Judiciário interpreta-as, colmando lacunas, quando presentes, visando à justiça.

Mas não colhe alegar-se lacuna, se a norma se mostra plena. Nem colhe remeter-se à interpretação do claro, do meridiano, do definido, do legalmente gizado, para obviar-se uma dolorosa situação que pode e deve encontrar solução por ato da *administração* (a função executiva da soberania estatal). O judiciário na busca da Justiça, completará a lei lacunosa, lapidará as arestas injustas da lei, emprestar-lhe-á uma valoração que fuja à simples e mera redação, *mas não pode negá-la.*

Quando o art. 5º da Lei de Introdução ao CC prescreve que, 'na aplicação da lei, o Juiz atenderá aos fins sociais a que ela se dirige e às exigências do bem comum', está afirmando que o direito positivo se coloca como regramento das relações intersubjetivas visando a paz social e ao bem comum. Não está, porém, dizendo que as normas de direito privado que atribuem direitos ao cidadão devem ser desconsideradas pelo Juiz ou devem ceder em face de pressões de ordem social. Provando a parte o seu direito, faz-se justiça dizendo o direito e garantido-o. Não provando a parte o seu direito, não se lhe faz justiça deferindo-o.

Deferir-se em favor de quem não tem direito para posse de um imóvel somente porque se trata de uma vila popular, para obviar-se uma *crise social* e porque não é moralmente justo, é *praticar-se o confisco através da jurisdição.* E o confisco aberra à lei, ao direito e à Justiça. Com a devida vênia, a pior das ditaduras é a ditadura do Judiciário. No momento em que o Judiciário se contrapõe ao ordenamento jurídico, para realizar a reforma social de que este país está necessitando, subverte a ordem jurídica que lhe cumpre defender e extrapola os limites de sua função".[80]

Ora, a conclusão a que chega o voto antes retratado é de uma logicidade palmar. Até se poderia admitir posicionamento diverso no plano argumentativo ou até mesmo como exercício dialético, se em tese fosse a questão enfrentada. Todavia, o que se tem é caso concreto, a reclamar tutela jurisdicional do Estado-Juiz que, reconhecendo direito inexistente em favor daquele que não o evidencia, em muito excede sua competência natural, ao prolatar decisões de caráter eminentemente normativo, avocando de forma arbitrária, por qualquer prisma que se examine tal postura, poder claramente legiferante, competência essa que lhe é defesa, por definição.

O fato social assim denominado *desobediência civil* decorre em muito da insegurança e da falência das instituições. Renegar-se determinado pressuposto normativo a mero referencial no plano da atividade jurisdicional, negando-o, equivaleria a consagrar-se o arbítrio ditatorial como meio legítimo de prestar jurisdição. Tal nos remeteria, a todos, a um mundo de angústias e apreensões, como aquele vivenciado por *Kafka*, ao sabor de um Estado tutelado pelo medo.

"Em geral, a função do juiz, quanto aos textos, é dilatar, completar e compreender; porém não alterar, corrigir, substituir. Pode melhorar o dispositivo, graças à interpretação larga e hábil; porém não – *negar a lei*, decidir o contrário do que a mesma estabelece. A jurisprudência desenvolve e aperfeiçoa o Direito, porém como que inconscientemente, com o intuito de o compreender e bem aplicar. Não cria, *reconhece o* que existe; não formula, descobre e revela o preceito em vigor e adaptável à espécie. Examina o Código, perquirindo das circunstâncias culturais e psicológicas em que ele

---
[80] JULGADOS – TARGS, 51/165.

surgiu e se desenvolveu o seu espírito; faz a crítica dos dispositivos em face da ética e das ciências sociais; interpreta a regra com a preocupação de fazer prevalecer a justiça ideal *(richtiges recht)*; porém tudo procura achar e resolver com a lei, jamais com a intenção descoberta de agir por conta própria, *proeter* ou *contra legem*. Todo Direito escrito encerra uma parcela de injustiça. Parece justa a regra somente quando as diferenças entre ela e o fato são insignificantes, insensíveis. Preceitua de um modo geral; é impossível adaptá-la, em absoluto, às mil circunstâncias várias dos casos particulares. Permitir abandoná-la então, sob o pretexto de buscar atingir o ideal de justiça, importaria em criar mal maior; porque a vantagem precípua das codificações consiste na certeza, na relativa estabilidade do direito.

A norma positiva não é um conjunto de preceitos rijos, cadavéricos, e criados pela vontade humana; é uma força viva, operante, suscetível de desenvolvimento; mas o progresso e a adaptação à realidade efetuam-se de acordo, aproximado, ou pelo menos aparente, com o texto; não em contraste com este.

O Direito, fórmula asseguradora das condições fundamentais da coexistência humana, ou prevalece em virtude dos fatores psicológicos – educação, respeito da opinião pública, etc.; ou por meio da coação, que se opera com exigir a observância dos preceitos vigentes. Se o próprio juiz lhes não obedece, não os aplica aos casos ocorrentes, como os prestigiar e impor à massa ignara, descuidosa ou rebelde?

Deve o magistrado decidir de acordo, não somente com os parágrafos formulados, mas também com outros elementos de direito, daí se não deduz que se lhe permita o desprezo da *lei*, ou que possa um indivíduo superpor-se ao *Estado*; pois deste e daquela emana a autoridade toda do juiz; goza ele da liberdade condicionada, dentro dos limites do conteúdo de direito que se encontra nos textos. Lembram os corifeus da escola extremada que também eles assim procedem. A verdade é que exageram. Não recorrem aos princípios gerais, ou à eqüidade, somente para compreender e completar o texto; mas também para lhe corrigir as disposições, injustas segundo o critério pessoal do julgador.

Alegam os guias da corrente revolucionária que o juiz não é um executor cego e, sim, um artista da aplicação do direito. Deveriam saber que também o artista obedece a normas; toda arte tem seus preceitos e quem dos mesmos se afasta, corre o risco de produzir obra imperfeita, e talvez ridícula, salvo exceções geniais.

Com atribuir ao juiz a faculdade de abandonar o texto quando lhe não parecer suscetível de se adaptar, com justiça, à espécie, concedem-lhe, de fato, a prerrogativa de criar *exceções* ao preceito escrito, isto é, fazem o contrário do que toda a evolução do direito conclui: justamente as exceções é que se não deixam ao arbítrio do intérprete; devem ser *expressas*, e, ainda assim, compreendidas e aplicadas estritamente.

Enfim, ilógica se mostra a escola que, no dizer de Michaelis, pretende emancipar o juiz do legislador; porquanto a própria existência das normas jurídicas importa 'no reconhecimento oficial da necessidade de uma direção, em proclamar que a vida social não pode prescindir de regras obrigatórias, isto é, de um elemento de autoridade'."[81]

Ora, não há qualquer dúvida no sentido de que a lei interpretada teleologicamente, bem se presta a dilatar, completar e compreender o texto legal. Conforme aqui já abordado em capítulo anterior, no que diz com a *execução da liminar possessória*, v.g., certo restou que, à míngua da existência de norma específica no particular, vêm os aplicadores do Direito criando processos interpretativos mais consentâneos com a realidade de seu tempo observado o caso concreto. Como exemplo, é

---

[81] Maximiliano, Carlos. op. cit., pp. 79/82.

certo que não contempla o legislador, tanto material quanto processual, a concessão de qualquer prazo para a execução da medida. Do mesmo modo, não há previsão legal no sentido de que para a execução de liminar possessória deverão ser tomadas cautelas várias, isso com o fito de tornar menos traumática a desocupação da área, sempre visando à saída pacífica dos invasores. Em sendo assim, é certo que cria e inova o aplicador do direito no particular. Atende ao bem comum e aos fins sociais sem, contudo, negar a aplicação da norma. Não formula, simplesmente revela e descobre o preceito em vigor, adaptando-o à espécie.

Em assim não sendo, em se tratando de se deferir posse a quem não tem qualquer direito, despojando o legítimo possuidor ou proprietário de sua área para ali manter invasores, detentores de posse confessada e admitidamente injusta, em nome de suposto e subjetivo direito alternativo se constitui, extreme de dúvidas, em *praticar confisco através da jurisdição*. E tal emerge como flagrante ato de ilegalidade, na exata medida em que priva o cidadão de seus bens sem o devido processo legal.

Então, é curial que não estaria a corrente alternativista, baseada no surgimento de novos sujeitos sociais como fonte de produção jurídica, autorizada ou legitimada a negar a aplicação de qualquer pressuposto normativo.

O parâmetro mais consentâneo, conseguinte, é a lei aplicada teleologicamente. O mais, no plano possessório, é praticar confisco pelo poder judicante, o que aberra ao direito e à justiça, constituindo-se em prática inteiramente incompatível com os princípios pétreos do Estado Democrático de Direito.

12 – Da fungibilidade dos interditos

Conforme expressamente disposto no art. 499 do Código Civil: "o possuidor tem o direito a ser mantido na posse, em caso de turbação, e restituído, no de esbulho" (sic). Visto assim, curial que a defesa da posse se constitui em um de seus efeitos, talvez o de maior abrangência e relevância, ao exame da abordagem que se cuida.

Contudo, como é bem de ver, o ato espoliativo a cargo de movimento organizado, englobando um universo incontável de pessoas, apresenta-se, ordinariamente, como situação de fato inteiramente multifacetária e em permanente mutação, o que, não raro, termina por dificultar a fixação exata hostilidade dirigida à determinada posse.

Conforme já visto anteriormente, ao tratar-se do interdito proibitório como providência preventiva, também aqui, nota-se a mesma preocupação do legislador processual.

Dispõe o art. 920 do C.P.C: "A propositura de uma ação possessória em vez, de outra não obstará que o juiz conheça do pedido e outorgue a proteção legal correspondente àquela, cujo requisitos estejam provados" (sic).

Ora, considerando-se serem inteiramente mutáveis os movimentos invasivos organizados, quer por estratégia, quer por necessidade de valer-se da clandestinidade para levar a efeito suas práticas espoliativas, o que, em determinado momento, pode constituir em mera ameaça (e um acampamento próximo a imóvel constitui-se em verdadeira ameaça) pode evoluir, rapidamente, configurando-se em ato de embaraço à posse, quando não, de perda da mesma.

Assim, é certo que "para efeito de exercício dos interditos possessórios, basta que o autor tenha a posse como estado de fato e sofra justo receio de ser nela molestado, *sendo desnecessário aguardar se efetive a turbação ou esbulho*".[82]

---

[82] Ac un. da 2ª Câm. do TAMG de 21/12/84, apel. 26.372, rel. Juiz Aroldo Sodré.

É de Adroaldo Fabrício, ao tratar do mesmo tema então nominado como "conversibilidade dos interditos", a lição no sentido de que:

"Cada uma das ações possessórias têm como pressuposto uma forma específica de hostilidade à posse, que, em escala crescente de gravidade, vai de simples ameaça ao esbulho, passando pela turbação. Contudo, isso não inibe o Juiz de outorgar a proteção possessória, mesmo quando requerida sob denominação inadequada ou com invocação de um por outro daqueles pressupostos. É tradicional no Direito Brasileiro a regra nesse sentido, pois já ao tempo da consolidação de Ribas a doutrina e a jurisprudência a tinham como vigente.

O descompasso entre a tutela possessória postulada e o tipo de ataque à posse ocorrido pode resultar de variadas determinantes: erro do autor quanto ao fato em si, erro do autor quanto à qualificação do fato, *modificação da situação de fato*. Na primeira situação, a informação de que o autor transmite ao juiz é errônea relativamente ao próprio fato; como se afirma ter sido despojado da posse quando foi apenas inquietado no seu exercício, ou vice-versa; na segunda, os fatos hostis à posse são corretamente narrados, mas erroneamente avaliados do ponto de vista de sua repercussão sobre o exercício do poder fático; no último caso, *a exposição dos fatos era correta em todos os seus aspectos, mas estes vieram a sofrer alteração, como se o réu apenas ameaçava quando a ação foi proposta, mas esbulhou logo a seguir.*

Qualquer que seja, dentre essas, a situação ocorrente, o artigo incide, autorizando e obrigando o juiz a prestar proteção possessória adequada, embora diversa da pedida"[83].

Aborda-se aqui, a hipótese de *alteração dos fatos*, mais consentânea e ocorrente em se tratando de invasões

---

[83] Fabrício, Adroaldo Furtado. op. cit. pp. 481/482 – Grifei.

coletivas. Inteiramente admissível, que quando ao ser aforado pedido de interdito proibitório, já tenha a situação de fato evoluído, constituindo-se em turbação ou esbulho. Com efeito, é claro que não necessitará o esbulhado manejar nova ação interdital, bastando, para tanto, que leve tal informação a Juízo, postulando a tutela jurisdicional adequada à nova situação de fato ocorrente.

O dispositivo reveste-se de inteira logicidade, atentando para o princípio da economia processual, bem como, procura emprestar o legislador processual adequada tutela à posse hostilizada, o mais prontamente possível.

Então pouco importar o *nomem juris* atribuído à demanda possessória, pois tal não se constituirá em qualquer óbice ao exame da questão de fundo, posto que prevalecerá o tipo de moléstia à posse então verificado, e não aquela situação de fato inicialmente informada pelo possuidor, se ela eventualmente não mais persistir.

Daí a pertinência dos precedentes jurisprudenciais assim vertidos:

"O ajuizamento de ação possessória, sem especificá-la, se de manutenção ou de reintegração de posse, não implica em inépcia, se os fatos explicitados na petição inicial tornam perfeitamente entendível o pedido".[84] E mais, "Não está o Juiz inibido de outorgar a proteção possessória adequada quando referida sob denominação imprópria ou com invocação de um por outro de seus pressupostos".[85]

Com sua habitual proficiência Ovídio A. Baptista da Silva entende que:

---
[84] In JTACivSP, 101/397.
[85] *In* JTACivSP, 107/250.

"O art. 920 alude a possibilidade de julgar-se como ação de esbulho a que tenha sido proposta como ação de manutenção a que se haja intentado como ação de esbulho. Como o preceito que abre a seção abrange as três espécies de ações possessórias admitidas pelo Código, temos que entender que essa fungibilidade abrange também o interdito proibitório".[86]

Também,

"... o permissivo legal da fungibilidade somente pode ser aplicado às ações possessórias em sentido estrito, pois a elas se refere expressa e exclusivamente mencionado artigo, que está inserido no Capítulo V do Código de Processo Civil, o qual regulamenta apenas tais ações de rito especial. Esclarece Guido Arzua que essa regra '... limita-se tão só às ações possessórias: manutenção por reintegração, ou interdito proibitório por manutenção, ou, finalmente, reintegração por interdito proibitório, e vice-versa'. Não é admissível a conversibilidade de ação possessória *stricto sensu* em uma das possessórias *lato sensu*, ou vice-versa, por não ser possível a transformação do juízo possessório em juízo petitório, em nosso sistema jurídico. É o que ressalta Teresa Celina Arruda Alvim: 'A fungibilidade se limita a três possessórias propriamente ditas, isto é, não alcança, p. ex., os embargos de terceiro ou a ação de nunciação de obra nova, e a correção pode se dar a qualquer tempo e até de ofício. É neste sentido a opinião da doutrina e da jurisprudência dominantes'.

O objetivo da conversão de uma ação possessória em outra é, portanto, o de outorgar ao magistrado o poder de deferir prestação jurisdicional diferente daquela que foi pedida, possibilitando-lhe determinar *ex officio* a transformação. O ajuizamento de uma ação possessória não impede, assim, que o juiz conceda a prote-

---
[86] Silva, Ovídio A. Baptista da. Op. cit. pp. 198/199.

ção à posse, ainda que esta não corresponda àquela pleiteada".[87]

Ainda na esteira do abalizado entendimento de Adroaldo Furtado Fabrício, é certo que a conversibilidade ou ainda, fungibilidade dos interditos tem seus limites. Assim,

"... estabelecido que o disposto no artigo alcança todas as ações possessórias, convém que se tenha em mente, por outro lado, que abrange só as ações possessórias em sentido estrito, isto é, as tratadas neste Capítulo.

A norma legal não autoriza, de modo algum, o 'aproveitamento' do interdito possessório erroneamente utilizado para entregar-se ao autor prestação jurisdicional de natureza não possessória. E, para esse efeito, só se consideram as três modalidades contempladas no Capítulo, de modo que a abrangência do artigo não apenas é insuficiente para alcançar os chamados juízos petitórios, como não basta sequer para atingir as ações que, embora de índole possessória por seu conteúdo, não foram incluídas pelo Código no correspondente elenco, como os embargos de terceiro possuidor e a ação de nunciação de obra nova".[88]

Perfeitamente delimitado, conseguinte, o cabimento exclusivo da fungibilidade dos interditos, unicamente para as ações possessórias, ou seja, interdito proibitório, manutenção de posse e reintegração de posse, defesa sua utilização em qualquer outro tipo de ação, ainda que venha a guardar caráter possessório.

Assim:

"POSSESSÓRIA. CONVERSÃO PARA PETITÓRIA. INCABIMENTO, PRINCIPALMENTE DEPOIS DE CONTESTADA. A POS-

---

[87] Simardi, Cláudia Aparecida. *Proteção Processual da Posse*, ed. RT, 1997, pp 121/122.

[88] Fabrício, Adroaldo Furtado. Op. cit. pp. 484/485.

SESSÓRIA NÃO SERVE PARA EXECUÇÃO DE SENTENÇA, PARA OBTER A DEVOLUÇÃO DE IMÓVEL, AINDA QUE ANULADA A ESCRITURA DE COMPRA E VENDA ..."

"Conquanto os apelantes afirmassem terem tido cerceado seu direito de defesa, não suscitaram preliminar de nulidade da sentença. Não suscitada a preliminar, e também por encontrar-se ela intimamente interligada com o próprio mérito, será apreciada em conjunto com este. Sob o fundamento de terem sido vencedores em ação de anulação de escritura pública de compra e venda que a autora-varoa ajuizou contra o casal de C.M.B.M. e S.M.B.M., ingressaram com o objetivo de terem a devolução do imóvel, com ação de reintegração de posse contra eles. Contestada a ação, ante o pedido de serem os apelantes tidos como carecedores da pretensão deduzida, vez que a ação própria seria a reivindicatória, *os apelantes pediram a conversão da reintegratória em petitória.*

Por três razões fundamentais, não pode merecer acolhida a inconformidade dos apelantes. Pela primeira, dado não ser nem a reintegratória de posse e tampouco a reivindicatória a ação própria para obter a devolução do imóvel em virtude de ação de anulação de escritura pública de compra e venda, que havia sido celebrada com os demandados-apelados. Não tendo sido cumulada a anulatória com conseqüente pedido de reintegração de posse, a devolução do imóvel apenas se pode dar através de ação de execução para a entrega de coisa certa (RTJ, 114/693). Pela Segunda, dado não praticarem esbulho possessório os réus pelo simples fato de reterem consigo a posse sobre imóvel que lhes foi transferido em virtude de escritura pública de compra e venda, apesar desta ter sido anulada por sentença transitada em julgado pelo terceiro, *por não ser possível a conversão do pedido possessório em petitório, máxime após haver nos autos contestação.* E nem se diga, no caso, que o *pedido formulado fosse o petitório, dado que toda fundamentação, descrição e enunciação dos fatos, bem como os pedidos formulados são próprios de uma ação possessória.* Além disso, não há certidão do ofício de imóveis que comprove estar o imóvel registrado em nome do falecido marido da autora-varoa.

Nestas circunstâncias, por não ser o procedimento adequado o eleito pelos apelantes, inócua revelar-se-ia qualquer instrução, pois o resultado, sob qualquer um dos prismas enfocados, seria o mesmo. Sem qualquer fundamento, por isso, a afirmação de Ter havido cerceamento de defesa, feita pelos apelantes".[89]

Então ser inteiramente correta a afirmação no sentido de que não que se cogita acerca de qualquer conversão do possessório para o petitório, por incabível. Todavia, emerge como livre opção do proprietário optar entre o possessório e o petitório, nunca converter um ao outro.

Neste sentido:

"PETITÓRIO E POSSESSÓRIO. Quando o proprietário tem livre opção entre os dois – Esbulho – Ação reivindicatória e ação reintegratória.

Não é a reintegratória o único remédio processual contra o esbulho. O proprietário conta, também, com a ação de reivindicação, para recuperar a coisa esbulhada.

A possessória é sempre uma faculdade e nunca uma obrigação do esbulhado. Perdida a posse, o possuidor conta com o remédio expedito da reintegratória. Mas esse procedimento é provisório e não atinge o *direito à posse*, cuja raiz está no domínio. Por ele tutela-se apenas o fato da posse, até que se resolva a questão dominial, em ação própria.

Assim, se o esbulhado deixa de lado o remédio enérgico, mas precário da tutela possessória, e busca

---
[89] *in* JULGADOS – TARGS, 85/212-214.

diretamente a tutela do domínio, pela ação petitória, está apenas abdicando da tutela provisória para ir direto à tutela definitiva do seu direito real.

E prossegue: Bate-se o apelante pela inadequação da reivindicatória, quando o caso é de esbulho, porque a ação própria seria a reintegratória.

Não lhe assiste razão.

A possessória é sempre uma faculdade e nunca uma obrigação do esbulhado. Perdida a posse, o possuidor conta com o remédio expedito da reintegratória. Mas esse procedimento é provisório, e não atinge o *direito à posse*, cuja raiz está no domínio. Por ele tutela-se apenas o *fato da posse*, até que se resolva a questão dominial, em ação própria.

Assim, se o esbulhado deixa de lado o remédio enérgico, mas precário, da tutela possessória, e busca diretamente a tutela do domínio, pela ação petitória, está apenas abdicando da tutela provisória para ir direto à tutela definitiva do seu direito real.

No caso dos autos, os apelados são legítimos proprietários do imóvel, reivindicando e seu *jus in re* nem sequer é posto em dúvida pelos réus.

Nenhuma impropriedade existe, portanto, na escolha da ação reivindicatória.

A falta de citação da mulher do demandado, outrossim, foi sanada a tempo.

Quanto ao direito pela indenização pelas benfeitorias, certo andou a v. sentença em não reconhecê-lo. Não demonstrou o apelante ter sido ele quem edificou a casa onde mora, na propriedade do autor. A demais, se fez algum pequeno gasto enquanto morou gratuitamente no imóvel dos autores, isto se deu em seu próprio interesse, sem gerar direito à indenização e muito menos direito de retenção.

Segundo dispõe o art. 1.254 do C. Civ., 'o comodatário não poderá jamais recobrar do comodante as despesas feitas com o uso e gozo da coisa emprestada'.

A lei não lhe dá, em hipótese alguma direito de retenção, ainda que algum crédito tenha contra o comodante. Findo o comodato, a obrigação que a lei impõe ao comodatário é a de restituir imediatamente o bem, sob pena de passar a pagar aluguel (Cód. Civil, art. 1.252). Nunca, destarte, poderá reter a coisa emprestada, porque, na realidade, 'sem texto expresso de lei, não se concebe o direito à retenção, prevalecendo, portanto, a regra geral quanto à obrigação de restituir a coisa, findo o prazo do contrato' (Carvalho Santos, cit. em Ac. do T.J. do Ceará, *in* Darcy Arruda Miranda Júnior. *Jurisprudência das Obrigações*, vol. II, p. 922).
Obras de aumento e conservação do prédio, não são benfeitorias necessárias, mas apenas úteis. Se o apelante as introduziu no prédio dos apelados, o fez no seu próprio interesse e para melhor desfrute da coisa dada para seu uso gratuito. Ditas benfeitorias, conforme a jurisprudência, confundem-se com as despesas de uso, que são imunes à obrigação de ressarcir".[90]

De tudo e por tudo, conclui-se:
a) A fungibilidade ou conversibilidade dos interditos limita-se às ações possessórias (nas suas três modalidades previstas no CPC) tão-somente, não encontrando aplicação no juízo petitório e nem mesmo naquelas ações consideradas de índole possessória por seu conteúdo, como por exemplo, os embargos de terceiro possuidor e a ação de nunciação de obra nova;
b) Não há que se cogitar, em hipótese alguma, acerca da possibilidade de conversão de ação possessória em petitória, por se tratarem de ações de natureza diversa;
c) É livre, por parte do proprietário, a opção entre petitório e o possessório, a serem adotados como remédios processuais contra ato de hostilidade à posse, pois

---

[90] T.J.M.G – Ap. n. 62.449, *in* Humberto Theodoro Júnior. *Posse e Propriedade – Jurisprudência*, Leud, 1988, pp. 243/246.

também a ação reivindicatória bem se presta à recuperação da coisa. Ao optar pelo petitório, abdica o proprietário da tutela provisória para ir direto à tutela definitiva de seu direito real.

13 – Do imóvel rural produtivo e desapropriação. Defesa pelo "writ"

Interessante questão, igualmente ligada à defesa da propriedade rural comprovadamente produtiva, então objeto de desapropriação por interesse social para fins de reforma agrária, foi decidida pelo Tribunal Pleno do STF onde logrou a impetrante ver deferida a segurança postulada em seu favor, vez que reconhecida a violação de direito líquido e certo da titular de propriedade produtiva, uma vez constatada a falta de notificação prévia como preliminar do processo, o que tornou plenamente nulo o edito de expropriação.

Primeiramente, antes mesmo de passar-se ao exame do *decisum* antes referido, cumpre ressaltar que o imóvel rural em tela, comprovadamente produtivo, já havia sido alvo de *invasão pelos assim denominados "Sem Terra"*, circunstância de todo importante ao entendimento da questão de fundo.

Assim decidiu o Colendo Pretório Excelso:

"DESAPROPRIAÇÃO POR INTERESSE SOCIAL. FALTA DE NOTIFICAÇÃO A QUE SE REFERE O PAR. 2º, DO ART. 2º, DA LEI 8.629/93. CONTRADITÓRIO E AMPLA DEFESA: INEXISTÊNCIA. NULIDADE DO ATO. TERRA PRODUTIVA. COMPROVAÇÃO MEDIANTE LAUDO DO PRÓPRIO INCRA OFERECIDO EM PROCEDIMENTO EXPROPRIATÓRIO ANTERIOR E POSTERIORMENTE NÃO CONSUMADO. VERIFICADO QUE O IMÓVEL RURAL É PRODUTIVO TORNA-SE ELE INSUSCETÍVEL DE DESAPROPRIAÇÃO-SANÇÃO PARA OS FINS DE REFORMA AGRÁRIA. MANDADO DE SEGURANÇA DEFERIDO.

1) A propriedade selecionada pelo órgão estatal para o fim de desapropriação por interesse social visando à reforma agrária *não dispensa a notificação prévia* a qual se refere o parágrafo 2º, do art. 2º, da Lei n. 8.629, de 25 de fevereiro de 1993, de tal modo a assegurar aos seus proprietários o direito de acompanhar os procedimentos preliminares para o levantamento dos dados físicos objeto da pretensão *desapropriatória*. O conhecimento prévio que se abre ao proprietário consubstancia-se em *direito fundamental do cidadão*, caracterizando-se a sua ausência patente violação ao princípio do contraditório e da ampla defesa (CF, art. 5º, inciso LV).

2) Desconstituída desapropriação anterior acerca do mesmo imóvel, em face de decisão judicial, a fim de que novo decreto presidencial seja editado, impõe-se seja repetida a notificação, para que se cumpra a determinação do parágrafo 2º, ao artigo 2º da Lei nº 8.629/93, sob *pena de perda absoluta de eficácia* do ato de desapropriação. Provada a inexistência do cumprimento preliminar desse atributo do direito do expropriado, caracteriza-se ofensa ao seu direito líquido e certo, ensejando o cabimento e deferimento do *mandamus*.

3) Se na fase da primeira tentativa de desapropriação expediu o órgão encarregado da política de reforma agrária laudo técnico de reconhecimento sobre ser o imóvel rural produtivo, preenchendo o índice de 80% (oitenta por cento) do Grau de Utilização da Terra e de 100% (cem por cento) do Grau de Eficiência e Exploração – G.E.E., *é esse laudo* que prevalece diante da impossibilidade de obter-se um segundo em decorrência da ocupação das terras por grupos de 'Sem Terra'.

4) Caracterizado que a propriedade é produtiva, não se opera a desapropriação-sanção – por interesse social para os fins de reforma agrária –, em virtude de imperativo constitucional (CF, art. 185, II) que *excepciona*, para a reforma agrária, a atuação estatal, passando o processo de indenização, em princípio, a submeter-se às

regras constantes do inciso XXIV, ao art. 5º, da Constituição Federal, 'mediante justa e prévia indenização'.

5) Violado o direito líquido e certo do titular de propriedade produtiva e constatada a falta de notificação prévia como preliminar do processo, o edito de expropriação por interesse social para os efeitos de reforma agrária torna-se *plenamente nulo*".[91]

Transcrita assim a ementa, vê-se que, no caso então sob exame, já havia ocorrido, anteriormente, tentativa de desapropriação de imóvel rural comprovadamente produtivo, o que restou evidenciado, com a expedição de laudo nesse sentido. Contudo, o ato expropriatório não se consumou.

Posteriormente, ante a invasão da propriedade produtiva, condição essa constatada em laudo emitido pelo próprio INCRA, foi novamente desapropriada a área por interesse social para os fins de reforma agrária. Todavia, ante a invasão dos assim denominados "Sem Terra", não foi emitido novo laudo sob a alegação de impossibilidade de ser feito o levantamento dos dados físicos do imóvel.

Por fim, ante a não-observância da lei ordinária regulamentadora, entendeu o Pretório Excelso ser nulo o edito de expropriação por interesse social para os efeitos de reforma agrária, posto que, efetivado sem o conhecimento prévio do proprietário, que lhe permite o contraditório e a ampla defesa em situações tais. Ferido direito fundamental do cidadão, conseguinte, proclamada restou a nulidade daquele Ato Administrativo.

Com efeito, ao tratar da política agrícola e fundiária e da reforma agrária, prescreve o art. 184 da Constituição Federal: "Compete à União desapropriar por interesse social, para fins de reforma agrária, o imóvel rural que não esteja cumprindo sua função social, mediante prévia e justa indenização em títulos da dívida

---
[91] JSTF, LEX, nº 224 pp. 148/149.

agrária, com cláusula de preservação do valor real, resgatáveis no prazo de até vinte anos, a partir do segundo ano de sua emissão, e cuja utilização será definida em lei" (sic).

Adiante, é inteiramente claro o inciso II do art. 185 da Magna Carta: "São insuscetíveis de desapropriação para fins de reforma agrária: II – a propriedade produtiva" (sic).

A Lei nº 8.629, de 25 de fevereiro de 1993, que regulamentou os dispositivos constitucionais relativos à reforma agrária previstos no Capítulo III, Título VII, da Constituição Federal, do mesmo modo, estabelece, em seu art. 2º, § 2º: "A propriedade rural que não cumprir a função social prevista no art. 9º é passível de desapropriação, nos termos desta Lei, respeitados os dispositivos constitucionais" (sic). E no parágrafo antes citado: "Para fins deste artigo, fica a União, através do órgão federal competente, autorizada a ingressar no imóvel de propriedade particular, para levantamento de dados e informações, *com prévia notificação*" (sic - grifei).

Assim, se já constatado em levantamento de dados anteriormente efetivado, tratar-se de imóvel rural produtivo, o que inviabilizou a desapropriação da área, é evidente que não poderia a União, novamente, sob a alegação de que a área estaria "invadida por sem terras", e portanto impossibilitada de conseguir novo laudo, expedir novo edito expropriatório sem a tomada das cautelas reclamadas pela lei ordinária regulamentadora. Em não o fazendo, feriu direito fundamental do proprietário, o que terminou por nulificar o ato.

É do voto vencedor:

"... envolve a *questio iuris* dois fundamentos básicos que estariam a ensejar o conhecimento e deferimento do presente *mandamus*. O primeiro deles estaria atrelado à matéria essencialmente formal e se relaciona à inexistência do cumprimento do preceito legal contido no par. 2º, do art. 2º, da Lei nº 8.629, de 25 de fevereiro de 1993, segundo o qual, antes de se proceder à vistoria, para o levantamento dos dados e informações da propriedade exproprianda, sejam os proprietários notificados para acompanharem o levantamento respectivo.

O segundo, diz respeito à questão de fundo, ou seja, saber se a propriedade seria *empresa rural* e produtiva e se preencheria os requisitos constitucionais que a isentam da desapropriação nos moldes da pretensão estatal.

Na primeira tentativa de desapropriação, houve por bem o Superior Tribunal de Justiça, invalidá-la, face ao trânsito em julgado do Acórdão proferido nos autos do Recurso Especial nº 25.428, publicado no Diário da Justiça da União de 19.09.1994.

Resultou, porém, naquela ocasião, que o INCRA, levantados os dados da propriedade para o efeito da decretação da desapropriação para os fins de reforma agrária, ter expedido de forma clara e precisa laudo pelo qual afirmou categoricamente que a Fazenda Timboré, objeto do ato expropriatório, era produtiva, não se prestando aos fins almejados. De fato, diz o texto:

'Após vistoria realizada na Fazenda Timboré e efetuados os cálculos conforme estabelece a instrução/INCRA nº 39, de 25 de setembro de 1986, concluimos que o referido imóvel encontra-se explorado racionalmente pelo proprietário apresentando índices de produtividade suficientes para classificá-la como *Empresa Rural*, segundo DP *ex officio*, elaborada com base no laudo técnico, onde foi obtido um Grau de Utilização da Terra – G.U.T. de 88% e Grau de Eficiência e Exploração – G.E.E. de 100%.

Portanto, o presente imóvel, acha-se classificado como empresa rural, na forma do art. 4º, item VI, da Lei nº 4.505/64, art. 44, itens I e II do Decreto nº 84.685/80, insuscetível desse modo, de desapropriação por interesse social, nos termos do art. 185 da Constituição Federal' (Grifei).

Parece-me inteiramente procedentes as alegações da autoridade coatora quanto à desnecessidade, na fase em que se encontra o estado da propriedade, que se proceda a novo levantamento de dados e informações da propriedade expropriada, medida essa que antecede à vistoria. É que, desde meados de 1990, com o ato desapropriatório assinado, e o conseqüente seqüestro que se lhe seguiu, mas de 178 famílias dos chamados *sem terra* teriam ingressado na propriedade e lá permanecem. Ora, ainda que se efetuasse a vistoria, evidentemente que o laudo não mais reproduziria aquelas condições da estrutura do grau de utilização da terra, da forma e do modo como o faziam os seus antigos donos, quando exploravam diretamente a Fazenda, circunstância essa que mereceu do próprio INCRA a peremptória declaração de reconhecimento de produtividade da terra expropriada, acrescentando ser insuscetível de desapropriação por interesse social.

Todavia, ainda que a notificação prévia, neste estágio em que se acham colocados os fatos com as suas conseqüências, se convertesse em medida inócua e destituída de qualquer finalidade prática, inegavelmente, afigura-se-me a sua inexistência, inquestionável violação aos postulados garantidores do contraditório e da ampla defesa, que a Constituição erigiu como norma sacramental dos cidadãos. Não se lhes permitindo, por época dessa segunda desapropriação, por falhas e vícios exclusivos dos atos já perpetrados pelo expropriante, que os expropriados pudessem acompanhar o eventual procedimento dessa verificação que precede a vistoria, não podem eles pagar por esse erro, que a eles, os desapropriados, não podem ser atribuídos.

Embora ineficaz e agora totalmente prescindível a notificação prévia, a que se refere a norma legal, nessa altura em que se colocam os fatos, pela falta do objeto-fim de sua destinação, nem por isso o postulado constitucional que garante os direitos de defesa dos cidadãos pode ser olvidado e preterido, por ser inegável atributo que integra os direitos fundamentais do cidadão.

São reiterados os pronunciamentos deste Plenário quanto à garantia do *due process of law*, pois não cumprida a notificação prévia, endereçada direta e pessoalmente aos proprietários, por ocasião das coletas de dados e informações, tem-se como violada a mencionada prerrogativa constitucional, daí os sucessivos deferimentos de mandados de segurança que trazem em seu bojo a prova da inexistência de notificação prévia. Na linha desses precedentes, põe-se a precisa conceituação construída pelo Ministro Celso de Mello, no julgamento do MS nº 22.164, ao sustentar, sobre o tema que,

'O descumprimento dessa formalidade essencial, ditada pela necessidade de garantir ao proprietário a observância da cláusula constitucional do devido processo legal, importa em vício radical que configura defeito insuperável, apto a projetar-se sobre todas as fases subseqüentes do procedimento de expropriação, contaminando-as, por efeito de repercussão causal, de maneira irremissível, gerando, em conseqüência, por ausência de base jurídica idônea, a própria invalidação do decreto presidencial consubstanciador de declaração expropriatória' (*in* DJ de 17.11.95, pág. 39.206).

Com efeito, havendo o reconhecimento do ato declaratório estatal, de que a propriedade objeto desta impetração, não se prestava aos fins de desapropriação por interesse social, para os efeitos da reforma agrária, porque vinha cumprindo a sua função social, penso, *permissa venia*, dever este Plenário atentar para a singularidade do fato de que, mesmo tendo o próprio INCRA lavrado o documento em que insofismavelmente fez essa contundente afirmação, não se preocupou, e nem se corou, para, num segundo ato, vir a promover a desapropriação.

Dessa forma, não obstante tornar-se desnaturada a notificação a que tem direito os expropriados, agora neste estágio, não podem eles responder por lamentável omissão para a qual não colaboraram.

Compartilho-me da injusta e perversa situação em que se encontram em nosso País os trabalhadores rurais que anseiam por um pequeno pedaço de terra que possam cultivá-lo. Sobretudo em contraste com a vastidão de latifúndios especulativos que se espraiam ao longo do território nacional e que não cumprem nenhuma finalidade social. Deixando de lado esse cenário, na espécie, é manifesto e gritante o equívoco do ato presidencial, que expropria uma propriedade que ele próprio, o Estado, assevera que vinha cumprindo sua função social, e por isso mesmo, como descreve o citado laudo, não poderia ser expropriada porque *'insuscetível, desse modo, de desapropriação por interesse social, nos termos do art. 185 da Constituição Federal'.*

Sei que a jurisprudência do Supremo Tribunal Federal é iterativa no sentido de inviabilizar o mandado de segurança como meio adequado para a obtenção do reconhecimento de ser a terra produtiva ou não, mas *in casu*, o que se dá é que se encarregou de dizê-lo a própria Autarquia promotora da política de Reforma Agrária, ao excluir a propriedade do rol das terras improdutivas, e que vinha cumprindo sua plena *funcionalidade* social.

Se esta Corte não emprestar ao quadro fático deste *writ* a interpretação da literalidade do que expressa o texto constitucional ao referir-me que 'são insuscetíveis de desapropriação os para fins de reforma agrária (...) a propriedade produtiva' (art. 185, II, da CF), parece-me abrir uma válvula para o incentivo a desapropriações, *por interesse social*, de terras, que sob a ótica constitucional, não estão sujeitas à desapropriação-sanção, impondo um pesado ônus, indevido e inconstitucional, em prejuízo do titular de terras produtivas.

Que segurança terá, enfim, o proprietário que trabalha a sua propriedade, com o seu suor e sacrifício, ao tomar conhecimento de que o seu labor se resumirá em pífias indenizações, com os desvalorizados títulos da dívida agrária?

E, ademais, o que não significaria essa brecha que, aberta, serviria de estímulo e incentivo às façanhas de determinados grupos radicais que invadem a propriedade alheia, às vezes até com o aplauso de seguimentos oficiais, fazendo a reforma agrária, como costumeiramente alardeiam, *'no peito e na raça'*.

Configurada a hipótese dos autos com tal evidência e robustez, a despeito de ser líquida e certa a pretensão posta nesta segurança, diante do eficaz reconhecimento do laudo que declarou produtiva a terra expropriada, por ato que no momento não se torna viável reproduzir *em posterior desapropriação*, em virtude da total alteração e descaracterização do imóvel, *que não se cuida de exame de fato para a aferição de ser ou não produtiva a terra*.

O INCRA já a disse produtiva, de forma enfática e aliás fato não negado.

Quanto à ressalva para a alternativa de outra ação seria ela a de submeter a impetrante ao cansativo, tortuoso e sacrificante rito ordinário para provar o que o próprio INCRA já provou; seria impor aos expropriados, mais uma via-crucis, de intolerável e severa iniquidade; primeiro porque, ainda que eles acompanhassem qualquer verificação para os dados e informações a que se refere a norma legal (art. 2º, § 2º, da Lei nº 8.629/93), na citada Fazenda Timboré, para que outro lado fosse feito, seria óbvio que se constataria a total desfiguração do imóvel do estágio ao tempo em que em poder dos mesmos, e segundo porque exuberante e clássico é o resultado produzido anteriormente pela vistoria do

INCRA, e pela qual se conclui ser a propriedade desapropriada produtiva, e insuscetível de expropriação por interesse social.

O decreto expropriatório fez consignar em seu comando que o fundamento básico é a desapropriação-sanção, isto é, desapropriação por interesse social para fins de reforma agrária, a incidir sobre propriedade constitucionalmente reconhecida como produtiva. A não prosperar esta segurança, ester-se-á diante de situação em que se desapropria terra produtiva através de decreto presidencial que se baseia em interesse social. O que é um absurdo.

Não vejo como convolar-se, nesta sede, decreto desapropriatório que se fundamenta em interesse social, em desapropriação da feição típica do inciso XXIV, do artigo 5º da Constituição Federal 'mediante justa e prévia indenização em dinheiro', que é a meu ver o que sucederá em termos futuros, em virtude da irreversibilidade dos fatos.

Por enquanto tenho como violador do direito líquido e certo da impetrante o edito de desapropriação por interesse social para os efeitos de reforma agrária, por se a terra produtiva, e não preenchido o requisito básico da notificação prévia que garante a ampla defesa dos expropriados.

Se o ato expropriatório padece de vício insanável, quer na forma quer na substância, que pague quem por ele se responsabilou e não a outra parte que em nada contribuiu para tanto".[92]

A simples leitura do voto vencedor antes transcrito, desde logo, bem está a demonstrar a incúria com que se houve a Administração ao editar decreto expropriatório endereçado a imóvel rural comprovadamente produtivo e, portanto, insuscetível de *desapropriação-*

---
[92] JSTF, idem, pp. 152/156.

sanção para fins de reforma agrária, isso nos exatos termos do art. 185, II, da Constituição Federal. Mas o Julgado prossegue, tendo assim se manifestado sobre a mesma questão o eminente Ministro Marco Aurélio:

"... A persistir o quadro até aqui delineado, teremos, na espécie, quanto a esse imóvel, uma desapropriação especial, uma desapropriação para efeito de reforma agrária, surgindo, destarte, com contornos de verdadeira sanção, como mencionado pelo Ministro Maurício Corrêa. E já podemos, incólume o decreto presidencial, antever até mesmo o desfecho que terá a ação intentada pelo outro condômino, no que alegada a desapropriação indireta. Persistirá, inegavelmente, o decreto presidencial e chegar-se-á à desapropriação para fins de reforma agrária, com os efeitos que lhe são próprios, ou seja, o pagamento em títulos da dívida agrária, resgatáveis no prazo de vinte anos – artigo 184 da Constituição Federal.

Senhor Presidente, os veículos de comunicação noticiam quase que diariamente choques entre invasores e proprietários de imóveis, e diria que esses conflitos têm uma razão de ser, que está na necessidade de uma distribuição mais equânime da riqueza e, também, em atos como o presente, que acabam estimulando essas invasões. No caso dos autos, é pacífico que em 1990, quando a propriedade estava na posse daqueles que são os titulares do domínio, conforme atestado pelo próprio INCRA, era ela produtiva.

Eis a conclusão a que se chegou:

'Após vistoria realizada na Fazenda Timboré e efetuados os cálculos conforme estabelece a Instrução/INCRA nº 39, de 25 de setembro de 1986, concluímos que o presente imóvel encontra-se explorado racionalmente pelo proprietário, apresentando índices de produtividade suficiente para classificá-la como *empresa rural*, segundo DP *ex officio*, elaborada como base no laudo técnico, onde foi obtido um Grau de Utilização da Terra – GUT de 88% e Grau de Eficiência e Exploração – GEE de 100%.

Portanto, o presente imóvel acha-se classificado como empresa rural, na forma do art. 4º, item III do Decreto nº 84.685/80, insuscetível, deste modo, de desapropriação, por interesse social, nos termos do art. 185, da Constituição Federal'.

Posteriormente, ocorreu a invasão e a perda da posse desse imóvel pelos titulares do domínio. Essa perda restou materializada, inclusive, em um seqüestro.

De qualquer modo, mesmo o imóvel não estando na posse do titular do domínio, em face da invasão pelos chamados *sem terra*, é possível aquilatar a existência, ou não, da produtividade? Vamos admitir que sim. Foi feita a vistoria para revelar que esse imóvel deixou de ser produtivo? Não.

Já por isso teria base suficiente para chegar à concessão da segurança, sem baratear – utilizando uma expressão tão ao gosto do Senhor Ministro Francisco Rezek – o mandado de segurança. Mas há outro aspecto, que não pode ser desconsiderado por esta Corte: a desapropriação, para efeito de reforma agrária, exsurge da Carta de 1988 como uma sanção, resultante de não se dar à propriedade o destino social que lhe é pertinente. Ora, sendo uma sanção, há de cogitar-se de um ato atribuível ao proprietário. E, neste caso, se o imóvel deixou de ser produtivo, foi em virtude daquela invasão, por causa do procedimento de terceiros, que restou como que encampado via o seqüestro a que me referi".[93]

Também neste Voto, nota-se a preocupação da Colenda Suprema Corte de Justiça, no que diz com certos

---

[93] JSTF, idem, pp. 158/159.

abusos e procedimentos, que vêm ocorrendo *a latere* da ordem jurídico-constitucional.

Outro não foi o posicionamento do eminente Ministro Celso de Mello ao assim se posicionar sobre o mesmo tema:

"Tenho para mim, Sr. Presidente, que este processo se reveste de natureza emblemática, pois ele nada mais revela e denuncia senão a *preocupante* conduta do Poder Público federal, que, em gestos de *continuado* desprezo à garantia dominial inscrita na Carta da República, insiste, *como atestam diversos precedentes firmados pela jurisprudência desta Suprema Corte,* em descumprir a Constituição e as leis do País, no ponto em que estas conferem tutela efetiva ao direito de propriedade.

Não pretendo exaltar o direito de propriedade e nem chego a proclamar que a propriedade é um roubo. Não posso, contudo, desconsiderar que vivemos sob um regime constitucional, que, ao *garantir* a intangibilidade do direito de propriedade, *disciplina* o procedimento de expropriação dos bens pertencentes ao patrimônio privado.

Não questiono a necessidade de execução, no País, de um programa de reforma agrária, cuja implementação se faz inadiável e essencial à superação dos conflitos fundiários e à viabilização do acesso dos despossuídos à propriedade da terra.

É que o acesso à terra, a solução dos conflitos sociais, o aproveitamento racional e adequado do imóvel rural, a utilização apropriada dos recursos naturais disponíveis e a preservação do meio ambiente *constituem,* inegavelmente, elementos de realização da função social da propriedade. A desapropriação, dentro desse contexto – *enquanto sanção constitucional ao descumprimento da função social da propriedade* (José Afonso da Silva, *Curso de Direito Constitucional Positivo,* p. 272, 10ª ed., 1995, Malheiros) – reflete importante instrumento destinado a *dar conseqüência* aos compromissos assumidos pelo Estado na ordem econômica e social.

Nada justifica, porém, o emprego *ilegítimo* do instrumento expropriatório quando utilizado pelo poder estatal com *evidente transgressão* aos princípios e normas que regem e disciplinam as relações entre as pessoas e o Estado. Não se pode perder de perspectiva, por mais relevantes que sejam os fundamentos da ação expropriatória do Estado, que este *não* pode – *e também não deve* – desrespeitar a cláusula do *due process of law*, que condiciona *qualquer* atividade do Estado tendente a afetar a propriedade privada.

A Constituição da República, bem por isso, estende à propriedade *cláusula de garantia* da sua proteção (art. 5º, XXII), proclama que *ninguém será privado da liberdade ou de seus bens sem o devido processo legal* (art. 5º, LIV).

Daí a advertência do magistério doutrinário no sentido de que a destituição dominial de qualquer bem *não prescinde* – enquanto medida de extrema gravidade que é – da necessidade de observância estatal das garantias inerentes ao *due process of law* (Celso Ribeiro Bastos. *Comentários à Constituição do Brasil*, vol. 2/263-264, Saraiva, 1989).

Não custa enfatizar, *por isso mesmo*, que a União Federal – mesmo tratando-se da execução e implementação do programa de reforma agrária – *não está dispensada* da obrigação *que é indeclinável*, de respeitar, no desempenho de sua atividade de expropriação, por interesse social, os postulados constitucionais que, *especialmente em tema de propriedade* protegem as pessoas, os indivíduos contra a eventual expansão arbitrária do poder.

Essa asserção – *ao menos enquanto subsistir o sistema consagrado em nosso texto constitucional* – impõe que se repudie qualquer medida que, *como a ora questionada nesta sede mandamental,* importe em virtual *negação ou em injusto* sacrifício do direito de propriedade. O Supremo Tribunal Federal *não pode* validar comportamentos ilícitos. *Não deve* chancelar, jurisdicionalmente, *agressões inconstitucionais* ao direito de propriedade. *Não pode e nem deve* considerar invasões ilegais da propriedade alheia como instrumento de legitimação da expropriação de bens particulares".[94]

Com efeito, ao exame dos votos vencedores proferidos no aresto sob comento, nota-se claramente a posição de cada um dos Senhores Ministros, isso no sentido da perplexidade causada pelo ato ilegal perpetrado pelo Estado. Mas não é só, e na mesma esteira de convencimento assim se posicionaram os demais integrantes daquele Plenário de Justiça:

"Se viermos a coonestar, como causa de desapropriação por interesse social para fins de reforma agrária, o desmantelamento, por obra da invasão, da atividade rural até então reconhecidamente produtiva, estaremos completamente invertendo o sentido inequívoco da Constituição (art. 185), que é o de estimular e assegurar a continuidade da propriedade produtiva, jamais o de estimular a improdutividade. Por essa razão, defiro o mandado de segurança".[95]

Com inteira razão, igualmente o eminente Ministro Octavio Galotti, ao nominar como *desmantelamento da atividade rural reconhecidamente produtiva*, por obra de ação invasiva a cargo do movimento dos trabalhadores sem terra. Em síntese, a vingar o decreto expropriatório, estar-se-ia, de forma explícita, não só emprestado eventual regularidade ao ato esbulhatório perpetrado, como também desestimulando o produtor rural a dar seguimento a sua faina. Mas não se esgotam aqui os

---

[94] JSTF, idem, pp. 162/163.
[95] JSTF, idem, pp. 163/164.

pronunciamentos no sentido de evidenciar a irregularidade formal daquele edito a cargo da Administração.

Assim também restou plasmado:

"... O que aconteceu, na hipótese, foi a aplicação de uma sanção a quem não se houve como dolo ou culpa. Sanção de perda da propriedade porque terceiros ilicitamente a invadiram e a tornaram improdutiva, com o auxílio do INCRA, que ainda concorreu para o seqüestro.

Parece-me que a solução para o problema que antevêem o eminente Ministro-Relator e os que o seguiram é a desapropriação por interesse social, e não, a desapropriação-sanção, que acabou ocorrendo.

Havendo esse caminho, a ser percorrido, poderá ficar resolvido o problema das famílias que se encontram no imóvel. Mas é bom que o Supremo Tribunal Federal decida pela tese, segundo a qual, não é admissível que, mediante expedientes como os evidenciados nos autos, se busque tornar improdutiva uma propriedade, para, em seguida, se lhe impor a injusta sanção de desapropriação".[96]

Contudo, ao exame da decisão aqui vertida, tem-se que foi no Voto da lavra do preclaro Senhor Ministro Néri da Silveira, ao exaustivamente abordar a questão de fundo, quem aclarada restou a controvérsia, assim versado:

"Ao que ouvi do relatório, tenho como insuscetível de dúvida que, em junho de 1990, quando caducou o anterior decreto declaratório de interesse social para fins de reforma agrária quanto a essas mesmas terras, o laudo do INCRA afirmou tratar-se de propriedade produtiva, imune à reforma agrária, o que significa que, àquela época, segundo prova decorrente da própria Administração competente, o imóvel não estava sujeito

---
[96] JSTF, idem, p. 164.

à desapropriação por interesse social para fins de reforma agrária.

Dá-se que, a seguir, o imóvel veio a ser ocupado por famílias de sem-terra que lá se estabeleceram.

Nessa situação, é indagar-se: para a solução do problema de distribuição dessas terras, ou do assentamento dos possesseiros, ou de solução da tensão social existente na região, pode-se proceder segundo os princípios da desapropriação por interesse social, para fins de reforma agrária?

De certo o Poder Público pode desapropriar, por utilidade pública ou por interesse social, para efeito de reforma agrária. Nesta última hipótese, o procedimento da Administração não se pode fazer com desrespeito às garantias do proprietário e, por isso, a Constituição, complementada por legislação posterior, estabelece os pressupostos para ação. Inexistentes os pressupostos para a desapropriação, esta não se pode dar para os efeitos de reforma agrária, mediante o pagamento da justa indenização com títulos da dívida agrária. Ora, se a Administração assim proceder, estará agindo contra a lei, contra a Constituição.

É certo que a reforma agrária, com o assentamento dos sem-terra, é problema nacional da maior importância e gravidade. Todos os Juízes deste País, inclusive os do Supremo Tribunal Federal, estão, evidentemente, cientes e conscientes desses problemas e preocupados com a solução que lhes venha a ser conferida no interesse maior da justiça social.

Penso, particularmente, que essa é uma das questões nacionais de maior importância e para a qual a ação do Governo deve se fazer de forma mais competente e efetiva possível, não só no interesse da solução dos conflitos sociais, dos problemas da pessoa humana, da família, mas, também, pelos naturais reflexos na economia rural, na produção de grão, tudo isso representando temas de alto significado para a Nação. Mas a

Constituição quer que a grave questão da reforma agrária se resolva, nos limites nela definidos, com respeito a normas específicas.

No caso concreto – pelo que ouvi do relatório e dos votos – não é possível deixar de entender que o bem estava efetivamente imune à reforma agrária, *até que ocorreu a invasão por famílias de sem-terra* e, quase simultaneamente, a intervenção administrativa, tendo em conta a tensão social, com o pedido de seqüestro das terras pelo INCRA. A Administração interveio relativamente à ocupação dessas terras e, administrativamente, estabeleceu sobre elas certa gestão. Esclareceu-se, inclusive, que já há uma distribuição de lotes, com um quadro fático atual de irreversibilidade, no que concerne à perda da posse desse imóvel pelo desapropriado.

Indaga-se, entretanto, se essa circunstância, de fato, é por si só bastante a afastar a garantia que a Constituição estabelece em favor do proprietário, qual seja, não ver o bem de sua titularidade desapropriado pelo processo de expropriação para a reforma agrária, com a indenização correspondente a esse processo (CF, art. 184). Ora, o que se estabelece, aí, sem dúvida, é o quadro fático de uma desapropriação indireta, já consumada.

De outra parte, também ouvi dos debates que já existe uma ação de indenização proposta por um dos condôminos contra o poder público, contra a União, pedindo indenização pela desapropriação indireta. No caso, há uma ocupação do imóvel, em regime de administração pelo poder público, tal como está acontecendo. Pois bem, isso implica, como aludido, desapropriação indireta, com indenização devida ao proprietário pela perda do imóvel. *Sem dúvida, alguma, cabe anotar que a Administração concorreu, senão na sua origem, ao menos no seu desenvolvimento, para esse estado de coisas, intervindo e ocupando. Com certeza, aí está desenhada a figura da desapropriação indireta.* O fato de esta

Corte deferir o mandado de segurança para cassar o Decreto, não importa, por si só, à evidência, na determinação de desocupação do imóvel, nem isso está em causa. Se é exato que já existe um fato consumado de posse, com distribuição das terras, inclusive, - segundo se esclarece há uma ação, movida por um dos proprietários, de indenização contra o poder público que promoveu a distribuição dos lotes e, portanto *administra esse estado de fato*. Penso que a solução alvitrada no voto condutor da presente decisão não prejudica a situação dos posseiros. Não se está aqui definindo qualquer medida judicial contra aqueles que hoje ocupam o imóvel.

A circunstância de ser cassado o decreto presidencial, significa a afirmação da Corte de que, nessa situação, não era cabível a desapropriação, por interesse social, para fins de reforma agrária, por não se preencherem os pressupostos da Constituição e da legislação complementar. Dessa maneira, a preocupação do eminente Ministro Relator não me assalta em decorrência da decisão, porque, de fato, isso explicito em meu voto e penso que tal é a conseqüência da decisão da Corte – se se constituir maioria, o Tribunal não está determinando a desocupação, nem está assegurando ao proprietário qualquer título para que se proceda a desocupação do imóvel, máxime porque já há, por parte dos proprietários, uma aceitação do status quo existente, isto é, uma aceitação da situação de fato, de ocupação e de distribuição desses lotes, por ação administrativa. De fato, esses lotes foram distribuídos por uma intervenção da administração do INCRA, que já fez, inclusive, um plano de assentamento. Houve, pois, uma atuação administrativa, no que concerne à posse do imóvel; segundo a jurisprudência, há desapropriação indireta, implica indenização aos proprietários em moeda corrente. E assim já se procedeu, aliás, no caso, referido pelo ilustre Ministro Carlos Velloso, da Fazenda Sarandi-Anoni, no Rio Grande do Sul, em que foi reconhecida na sentença a improcedência da desapropriação para fins de reforma agrária, estando, à data da sentença, o imóvel loteado e distribuídas as parcelas. O fato de haver anotação de liminar em imissão *initio litis* no Registro de Imóveis não prejudica a discussão, quanto ao descabimento da ação. E se a ação for julgada improcedente, afirmando-se a inviabilidade da desapropriação para a reforma agrária, precisamente porque a propriedade era imune, qual é a conseqüência? Porque improcedente a ação expropriatória do imóvel para a reforma agrária, há de resolver-se, entretanto, a demanda tal como se procedeu no julgado precedente, por via de desapropriação indireta, com determinação para que o pagamento da indenização se faça em dinheiro".[97]

Derradeiramente, cumpre ser transcrito o Voto também vencedor do eminente Ministro Moreira Alves:

"... a Constituição da República declara que os imóveis rurais produtivos são imunes a qualquer projeto de reforma agrária, por uma razão óbvia: *é do mais relevante interesse social que haja fazendas capazes de produzir para o abastecimento da população.*

Ao lado disso, há um outro interesse social, não menos relevante, de que sejam desapropriadas aquelas propriedades que não atenderem à sua função social por não serem produtivas.

No caso, os fatos são absolutamente certos no sentido de que a fazenda, enquanto esteve na posse de seus proprietários, era produtiva, o que foi reconhecido pelo próprio INCRA. *Posteriormente foi invadida, tornando-se, ao cabo de certo tempo, improdutiva.*

Não me parece possível que se utilize o instituto da desapropriação para fins de reforma agrária – que visa, de certa forma, a apenar aquele que pode produzir, mas não produz – contra quem, por não estar na posse do imóvel rural – e o desapossamento que, inclusive, se manteve em virtude de seqüestro judicial obti-

---
[97] JSTF, idem, pp. 164/167.

do pelo Poder Público – não tem obviamente culpa de que seu imóvel produtivo deixe de sê-lo *em decorrência de invasão*".[98]

Ora, o exaustivo Julgado bem apanhou a questão de fundo emprestando correto desate ao caso concreto então *sub judice*, o que decorreu da acurada análise dos fatos que envolveram a situação sob comento. Contudo, não podem passar despercebidas, certas passagens constantes dos Votos antes alinhados que, por sua inteira precisão e lucidez, estão a reclamar detida abordagem.

Assim, de ser ressaltado, que a própria Administração, via decreto presidencial, houve por bem – ao arrepio dos pressupostos normativos constitucionais e ordinários reguladores da matéria -, desapropriar área rural comprovadamente produtiva, para fins de reforma agrária, imóvel esse insuscetível de ser alvo de desapropriação-sanção, conforme dispositivo constitucional expresso (art. 185, II, da CF).

Então que, o Estado-Administração, ao assim proceder, no caso sob exame, tornou pública, às escâncaras, a falta de critérios sérios, confiáveis e sobretudo legais, acerca da forma inteiramente temerária com que se houve naquele procedimento expropriatório então nulificado pelo Pretório Excelso.

Violados os postulados constitucionais garantidores do contraditório e da ampla defesa, sequer foi oportunizado aos proprietários acompanhamento, mediante prévia notificação, daquele procedimento de vistoria da área levado a cabo pelo INCRA, conforme estabelece a Lei nº 8.629 de 25 de fevereiro de 1993, que regulamentou os dispositivos constitucionais relativos à reforma agrária. O ato, em si mesmo, desde logo mostrava-se impregnado de vícios, esses de responsabilidade única e exclusiva do expropriante. Aos desapropriados, con-

---
[98] JSTF, idem, p. 167.

seguinte, nenhuma incúria pode ser atribuída, todavia, sofrerão o prejuízo daí decorrente.

O princípio do *due process of law*, consagrado em toda carta constitucional de qualquer Estado Democrático de Direito, aqui foi simplesmente desconsiderado, isso na exata medida em que foram os proprietários desapossados de seus bens sem a observância inafastável do devido processo legal.

Para o exato entendimento, frise-se que ao ser expedido o edito expropriatório pelo Estado-Administração, por força de decreto presidencial, imediatamente foi aquela área – até então comprovadamente produtiva –, invadida por inúmeras famílias de "sem-terra" que aguardavam assentamento. Fato consumado, à evidência que deixou aquela área de ser produtiva e até mesmo de produzir. Não se olvida acerca das sérias e preocupantes conseqüências advindas do problema social decorrente de falta de terra e teto. Contudo, conforme ressaltado pelo eminente Ministro Néri da Silveira em sua decisão, a ação do Governo deve se fazer da *forma mais competente possível*, não só no interesse da solução dos conflitos sociais, dos problemas da pessoa humana, da família, mas, também, pelos naturais reflexos na economia rural, na produção de grão, tudo isso representando tema de alto significado para a Nação. Mas a Constituição quer que a grave questão da reforma agrária ser resolva, *nos limites nela definidos*, com respeito a normas específicas.

Mais uma vez, como é bem de ser notado, vê-se o Poder Judiciário prestando não somente jurisdição, o que lhe compete por definição constitucional, mas também, corrigindo arestas que, pela incúria da própria Administração, terminam por bater às portas dos Tribunais. Problemas sociais de toda ordem, irregularidades formais, inobservância de preceitos normativos imperativos, açodadas decisões administrativas posteriormente declaradas nulas, dentre outros tantos *absurdos* (cf. constante do voto antes transcrito), tudo aliado à desesperadora crise social ora observada no País, resultam em tornar o regular e necessário processo de reforma agrária, reclamado pela Nação, em procedimentos temerários, beirando ao arbítrio e ao confisco ilegal de terras produtivas, tudo em flagrante prejuízo aos seus legítimos proprietários.

Ao assumir o Estado vocação abertamente paternalista com relação a certos movimentos invasivos organizados, trilhará à margem da legislação e do Direito, em nada contribuindo para a minimização dos problemas sociais ocorrentes no País. É certo que deve a Administração, de qualquer forma, tentar evitar o conflito social, tanto que dispõe de mecanismos hábeis para tanto. Contudo, tal não se confunde com temor e complacência, benignidade ou condescedência, mas sim, promover as reformas sociais que o País necessita nos exatos limites legais, que ao fim e ao cabo, são os limites de atuação e competência da própria Administração.

Agir à margem do ordenamento jurídico, curvando-se ante eventuais pressões perpetradas por grupos organizados, coloca em risco as garantias constitucionais de todo cidadão, induz à prática de ilegalidades e escancaradamente contribui para o enfraquecimento das instituições.

14 – Reforma Agrária e Ação Reivindicatória. Assentamento de "Sem-Terra"

Conforme já dito, vem o Estado-Administração, agindo de forma açodada no trato da questão fundiária, o que, não raro, resulta na nulificação, pelo Poder Judiciário, de seus próprios administrativos.

Como sabido, o processo expropriatório para fins de reforma agrária encontra seu ordenamento – e limites – na própria Constituição Federal e leis ordinárias regulamentadoras da matéria. Ora, sendo o direito de propriedade constitucionalmente tutelado, é certo que deverá o Estado, ao tratar da desapropriação-sanção, agir com cautela, prudência e suprema atenção, sob pena de, como já se viu, incorrer em flagrante ilegalidade.

Em recente Julgado, assim posicionou-se o egrégio Tribunal de Justiça do Estado de São Paulo, ao enfrentar questão onde, sob o pálio da antecipação da tutela em ação reivindicatória, pretendia o Estado solver problema de competência da União, consistente em reforma agrária:

"Na hipótese vertente, em que a autora da reivindicatória funda-se no *periculum in mora*, o exame dos pressupostos reclamados no novo artigo 273 do Código de Processo Civil conduzem a resultado oposto ao perfilhado pela respeitável decisão, *data venia* dos respeitáveis fundamentos invocados pela ilustre Juíza de Direito. Senão, vejamos.

Os requisitos (artigo 273, *caput*) de prova inequívoca e verossimilhança do alegado, capazes de excepcionalmente antecipar a tutela reivindicatória, e assim reverter a posse do imóvel, a fim de transferi-la para terceiros que ameaçam a paz social, não se encontram positivados *ab initio* da ação ajuizada perante quem se mantém titular de registro imobiliário, e que por si e antecessores possui as terras de longíssima data.

É certo o processamento de ação discriminatória a proclamar a natureza devoluta do bem ou da parte dele; ainda falta, porém, cabal demonstração do procedimento de legitimação assegurado pelo Decreto-Lei Estadual nº 11.096, de 1940, circunstância tendente a exigir prova e disceptações incompatíveis com a antecipação ordenada. Assim, aliás, deliberou o Excelentíssimo Desembargador Luís de Macedo, digno Terceiro Vice-Presidente, nos mandados de segurança impetrados em situações idênticas.

O perigo da demora processual, ao lado de fundado receio de dano irreparável ou de difícil reparação (Código de Processo Civil, artigo 273, inciso I) inocorre na espécie dos autos. Tem-se por intuitivo que os danos questionados só podem referir aos suportáveis pelo próprio reivindicante, se acaso impedido de penetrar na posse do imóvel, a despeito de comprovada forte probabilidade do seu direito, não de mera aparência.

Nessa ordem de pensamento, carece de sentido lógico-jurídico a antecipação de tutela na hipótese *sub judice*, dependente de ampla cognição, e, além disso, se o escopo é o de beneficiar, com alegadas terras públicas, terceiros a quem o Governo Estadual resolveu favorecer em maldisfarçada *reforma agrária o pretexto de temer conflitos sociais pela presença ameaçadora dos 'sem-terra', organizados em movimentos que chegam a contrariar a ordem pública e a paz social, e que tristemente têm provocado a perda de vidas humanas e verdadeiros massacres policiais (grifou-se).*

A finalidade invocada, por mais respeitável que o propósito governamental e as conhecidas promessas de assentamentos feitas aos invasores de propriedades – públicas ou particulares – refoge abertamente dos elevados propósitos que inspiraram o legislador a inovar no processo civil, de sorte a tornar mais ágil a distribuição da Justiça.

Não tem verossimilhança, nem fomento jurídico, antecipar a reivindicação de glebas controvertidas há décadas para armar o Governo, incumbido constitucionalmente da segurança e bem-estar social, de meios não especificados ao combate da subversão dos postulados da ordem e harmonia sociais.

A tutela antecipatória é imprestável à reversão de danos ao réu da reivindicatória em proveito direto ou indireto de terceiros, *vítimas de injustiças e discriminações não debeladas pelo Governo Federal, a quem deferida tão esperada Reforma Agrária, que não visa – é bom dizer – apenas resolver conflitos sociais.* (grifou-se)

Ao Juiz, escreve o Professor Cândido Rangel Dinamarco, 'não é lícito despir um santo para vestir outro' (*A Reforma do Código de Processo Civil*, 2ª ed., Malheiros Editores, 1995, pág. 145).

A erradicação da pobreza e da marginalidade, a redução das desigualdades sociais e regionais, são objetivos fundamentais da República (Constituição da República, art. 2º). *Hão de ser perseguidos, contudo, mediante processos legais, nos limites da competência dos poderes repartidos entre União, os Estados e Municípios.* (grifou-se)

Assim, não se cogita do *periculum in mora*, por não corresponder o requisito legal a risco de conflitos sociais ou a temor de pressões e ameaças de perturbação pública exercidas por grupos nem sempre bem identificados.

Não será mediante a tutela satisfativa buscada desde o início de processo judicial contencioso, em que indispensáveis provas suficientes dos fatos constitutivos dos direitos, que o Governo Estadual eliminará a inquietação no meio rural, antecipando-se aos objetivos e disciplina jurídica do Programa Nacional de Reforma Agrária, tendente à reorganização das atividades produtivas e ao atendimento das carências de moradia, trabalho e consumo, o qual é concretizável através de desapropriações por interesse social, relegados à exclusiva competência da União.

A demora em consumar os deliberados assentamentos de rurícolas nada tem a ver com o receio de danos irreparáveis, consagrados no art. 273 da lei processual civil. *Tampouco será vergando-se às ameaças para efetivar assentamentos próprios da Reforma Agrária que se contribuirá para a livre exploração do solo (grifou-se).*

A inexistência das condições prescritas no Código de Processo Civil ao deferimento da antecipação da tutela é notada, ainda, pelas finalidades subjacentes da pretensão reivindicatória, ou seja, *a distribuição de lotes aos chamados 'sem-terra', o que representa uma benesse a determinado grupo organizado, em substituição às desapropriações por interesse social e imposições da 'Política Agrícola e Fundiária e da Reforma Agrária' (Constituição da República, artigos 184 a 191). (grifou-se).*

Ao invés de desapropriar – o que não seria no caso juridicamente possível – doam-se terras consideradas públicas, sem comprometimento com o programa de interesse nacional. Justifica-se a competência da União, conforme esclarece Edson Ferreira da Silva, por ser mister a planificação econômica agropecuária do país, de molde a uniformizar a estruturação das atividades produtivas, de conformidade com as culturas predominantes a apropriadas a cada região' (RT, vol. 689/65-81).

Em obra de aguda percepção sobre a matéria, de que é renomado especialista, o Professor Octávio Mello Alvarenga transcreve lúcido escólio do agrarista colombiano Otto Morales Benitez:

'Uma reforma agrária busca essencialmente alcançar um desenvolvimento econômico harmônico, de tal maneira que a produção agro-pecuária abasteça de alimentos a humanidade, de matérias-primas, a indústria e que os produtos industriais tenham nos camponeses consumidores garantidos. Já vimos que o afã de realizá-la é buscar uma integração econômica do país. Não é, simplesmente, para favorecer alguns proprietários a mais; nem para criar uma situação especial para quantos passem a ocupar parcelas ou lotes coloniais. O que se deseja é ampliar, também, os mercados internos; estimular facilidades para esses novos produtores de riqueza. Que possam fornecer as matérias-primas num momento determinado e, ao mesmo tempo, absorver mercado interno para o desenvolvimento total do país' (*Direito Agrário e Meio Ambiente na Constituição de 1988*, Octávio Mello Alvarenga, Editora Forense, 1992, pág. 56).

De âmbito nacional, desvinculada de influências político-partidárias, a fundamental reforma não se traduz em meros assentamentos desacompanhados de sérias medidas estruturais levados a cabo como paliativo e pelo medo governamental de conflitos sociais (grifou-se). Conforme pontifica o citado Professor Octávio Mello Alvarenga:

'É um processo mais amplo em que a reestruturação desta deve ser acompanhada de outras medidas, visando à elevação da produtividade, ao aumento da renda e à conseqüente obtenção do mais digno padrão de vida das famílias e comunidades rurais' (ob. cit., pág. 59).

Ao dissertar percucientemente sobre o Primeiro Plano Nacional de Reforma Agrária (PNRA), o ilustre Magistrado e jurista paulista, Doutor Antonio de Pádua Ferraz Nogueira, alerta:

'E, igualmente, o Pretório Excelso, em inúmeras decisões (v. RTJ, vols. 72/479 e 71/314) assim também tem entendido, *impedindo favoritismos e paternalismos, para que a propriedade não saia das mãos de um cidadão para entrar, por mera liberalidade, no uso, gozo e domínio de outro particular*' (grifou-se) (*Aspectos Econômicos, Jurídicos e Sociais da Reforma Agrária*, Editora Sopral, pág. 57).

Nesse contexto, não se pode divisar fundado receio de danos e de reparação difícil nem verossimilhança da alegação ou plausibilidade do direito invocado, a fim de conceder por antecipação o futuro resultado da demanda, a imissão de posse em favor da reivindicante, em processo em que indispensável a ampla cognição".[99]

Com efeito, o aresto antes vertido é de uma lucidez meridiana. À evidência que não poderia – nem teria legitimidade para tanto – a Fazenda Pública do Estado de São Paulo postular, via tutela antecipada, em sede de ação petitória, assentamento de integrantes do movimento dos "sem-terra", sob a alegação de ocorrência de

---
[99] RJTJSP vol. 182, Lex, 1996, pp. 217/222.

periculum in mora decorrente de risco de conflitos sociais ou temor de pressões e ameaças de pertubação pública exercidas por grupos nem sempre bem identificados.

Daí ser inteiramente exato o eminente Desembargador-Relator, Vasconcellos Pereira, ao nominar como *"mal disfarçada reforma agrária"* a postulação da Fazenda Pública. Em síntese, seriam despojados de sua propriedade quem se mostra titular de registro imobiliário da área, detentores de posse antiga e boa, tudo em nome da *"presença ameaçadora dos sem-terra"*.

E note-se, a postulação restou efetivada em sede de ação reivindicatória, onde houve pedido de tutela antecipada em favor da Administração. Conforme já abordado, à sociedade, tal proceder compete à União, observado o devido processo legal, tão-somente. A precisa expressão do eminente Relator, no sentido de tratar-se o caso de "mal disfarçada reforma agrária" é inteiramente exata, como também exata restou a decisão da Câmara ao dar provimento ao recurso e, destarte, desconstituir a decisão monocrática que dava pelo acolhimento da antecipação da tutela em favor da Administração.

15 – Invasões coletivas e bens públicos

Também os bens públicos, sejam eles de domínio federal, estadual ou municipal, não raro se constituem em alvo de invasões coletivas, obrigando a Administração a agir, no sentido de resguardar seu patrimônio. Aqui se poderia admitir, a título meramente argumentativo, que, pelo menos em tese, deveria o Poder Público mostrar-se mais complacente no que diz com a defesa de seus interesses e preservação do todo social, assim cumprindo outro de seus objetivos fundamentais insculpidos na Constituição da República em seu artigo 3º, onde lhe toca erradicar a pobreza e a marginalização, reduzindo as desigualdades sociais e regionais.

Contudo, parece não ser esta a orientação no trato das questões que respeitam ao caso sob exame, bastando, para tanto, breve análise dos precedentes jurisprudenciais relativos à situação sob comento, que aqui passam a ser transcritos.

"REINTEGRAÇÃO DE POSSE, FAMÍLIAS INSTALADAS EM ÁREA MARGINAL DE RODOVIA. ALEGADO CERCEAMENTO DE DEFESA AFASTADO EM CONTA A FINALIDADE DO PROCESSO. PERÍCIA. VERIFICANDO QUE OS RÉUS SE ENCONTRAM EM IMÓVEL DO ESTADO, DESAUTORIZADOS, A AÇÃO PROCEDE. NECESSIDADE DE RESSALTAR QUE A REPÚBLICA FEDERATIVA DO BRASIL (ART. 1º DA CF/88) NÃO CUMPRE SEUS OBJETIVOS FUNDAMENTAIS (ART. 3º DA CF/88). PRELIMINAR REJEITADA E APELO DESPROVIDO".

E prossegue o Julgado em questão:

"1. Cuida-se de ação de reintegração de posse proposta pelo Estado do Rio Grande do Sul contra A.P.F., objetivando a recuperação de área marginal à BR-115, Km 64, onde se encontram assentadas duas famílias, que desenvolvem plantio de mandioca, milho e criação de galinhas.

Oferecida contestação, realizada perícia, percebido vício de citação de A. (preso à época da citação, e não houve designação de curador especial), mas oportunizada a defesa, o magistrado julgou procedente o pedido.

Apelaram os réus. Aludiram cerceamento de defesa, por causa de não haver, ao demandado A. oportunidade de assistir à instrução. No mérito, disseram que o problema do assentamento é, também, do Estado, descumprindo, exclusivamente, ao Município de Santo Augusto o ônus.

Oferecidas contra-razões. O MP, em ambas as instâncias, exarou parecer pelo desprovimento.
2. A preliminar de nulidade merece rejeitada. O réu A. foi citado. Estava preso. Na verdade a prova colhida foi técnica, inexistindo outras na instrução. Ao perceber a falta de curador especial (art. 9º, inc. II, do CPC), o magistrado supriu-a, e o advogado respondeu, nos termos dos demais contestantes.
Não se vislumbra prejuízo algum, porque cumpridas as finalidades legais. A contestação dos demais réus (a situação de esbulho era igual para todos) evitou qualquer falha defensiva.
3. Quanto ao mérito, a perícia evidenciou que os demandados ocupam àrea marginal da rodovia a qual pertence ao domínio público estadual por decorrência de lei, inexistindo título de propriedade no Registro de Imóveis. O perito ainda salienta que a permanência das famílias traz risco de acidentes, existe criação de pequenos animais e há crianças expostas ao perigo.
Observo, relativamente às questões sobre assentamentos, haver por vezes, uma quebra-de-braço, entre União, Estados e Municípios a respeito das obrigações.
Os arts. 1º e 3º da CF de 1988, são bastante claros que as entidades que citam são responsáveis. Precioso que foram os preclaros Constituintes que promulgaram a Carta numa circunstância pluripartidária.
O atingimento dos objetivos fundamentais (art. 3º) deve ser preocupação constante dos Poderes Constituídos. Urge-se obter-se uma legislação infra-constitucional a amparar, sem paternalismo, o excluído, o marginalizado (grifou-se).
Todavia, no local em que se encontram existe a possibilidade de risco maior, de ocorrência de prejuízo irreparável e, por isso, não devem lá permanecer".[100]

Com efeito, não hesitou o Estado, frente à situação clara de esbulho em terras públicas, de valer-se de com-

---
[100] JULGADOS – TARGS, 91/233-234.

petente ação reintegratória para desalojar famílias que se achavam acampadas à margem de rodovia. Como se vê, não titubeou a Administração em manejar o remédio interdital para ver-se reintegrada naquela posse então esbulhada pelos demandados.

Assim, forçoso é reconhecer-se, que também o Poder Público, em que pese a falta de cumprimento de suas obrigações e objetivos fundamentais elencados no art. 3º da Constituição da República, conforme restou plasmado no Acórdão antes transcrito, vem se utilizando das ações interditais e agindo nos mesmos moldes em que age o particular.

No mesmo sentido, também a Fazenda do Estado de São Paulo fez valer sua legitimidade para ver desalojadas pessoas que, temporária e precariamente, ocupavam bens públicos em função de situação emergencial e, cessada a necessidade, se negaram a desocupar o imóvel cedido.

Assim restou decidido:

"POSSESSÓRIA – Reintegração de posse – Ocupação temporária e precária de bens públicos por desalojados por enchentes – Persistência da ocupação daqueles imóveis quando superadas as contingências emergenciais – Esbulho caracterizado – Reintegração procedente – Recurso improvido.

SENTENÇA – Amplitude – Possessória – Reintegração de posse – Ocupação temporária e precária de bens públicos por desalojados por enchentes – Ausência de menção a todos os co-réus que teriam praticado o esbulho, mas dispõe seu alcance a 'outros' – Validade da decisão em face das particularidades do caso concreto – Caracterização do aspecto *erga omnes* da sentença, alcançando a todos os ocupantes irregulares dos imóveis reintegrados, quando da execução da sentença – Alegação de nulidade rejeitada – Reintegratória procedente – Recurso improvido.

ACÓRDÃO

POSSESSÓRIA – Reintegração de posse – Ocupação temporária e precária de bens públicos, resultante da atuação social da Administração Pública para alojar desabrigados atingidos por enchentes, caracteriza esbulho possessório se, superadas as contingências emergenciais, persistem os ocupantes nos imóveis – Extinção do feito em relação à litisdenunciada à lide bem decretada – Sentença que, embora não mencione o nome de todos os có-réus em seu relatório, mas dispõe seu alcance a outros não é nula, em face da peculiaridade do caso, com a ocorrência de mutação de situações individuais dos ocupantes – Caráter *erga omnes*, alcançando tantos quantos estejam a ocupar, precariamente, os imóveis reintegrandos, quando da execução da sentença, que é de ser mantida – Argüição de nulidade feita por assistentes litisconsorciais que ingressaram nos autos após a prolação da sentença, é de ser rejeitada".

Derradeiramente, assim posicionou-se o Voto unânime:

"Admite-se, por primeiro, a participação de assistentes litisconsorciais dos co-réus que, após a prolação da r. sentença ingressaram nos autos e os recebem na situação processual em que se encontram (art. 50, parágrafo único, do Código de Processo Civil).

A argüição de nulidade da r. sentença, feita pelos apelantes-assistentes, por não ter sido mencionados os nomes de todas as partes, não é de ser acolhida.

Efetivamente, o art. 458, I, do Código de Processo Civil, dispõe dever a sentença mencionar, em seu relatório, o nome das partes.

Contudo, os aspectos fáticos do presente caso, no qual a ocupação do bem público se deu em razão do caráter extremamente emergencial para acudir situação de verdadeiro caos social, derivado de enchentes que desalojaram os habitantes da área sinistrada para abrigá-las nas dependências dos prédios públicos, aliado à circunstância da mutabilidade de situações pessoais dos abrigados, tanto que a apelada, ao ajuizar a ação relacionou os então ocupantes pleiteando eficácia *erga omnes*, para, após a diligência citatória ter requerido a desistência da ação, em relação aos co-réus nominados a fls., em razão de terem os mesmos espontaneamente desocupado os imóveis, faz com que não se prestigie a alegação de nulidade, possibilitando-se que o provimento jurisdicional dirija-se ao co-réu A.M., que encabeça o pólo passivo da ação, estendendo-se aos outros, como dispôs a r. sentença, a todos quantos, determinados ou não, estejam a ocupar as dependências dos imóveis reintegrados.

Esta mutabilidade de situações individuais dos ocupantes dos imóveis reintegrandos é que justifica, inclusive, a participação assistencial dos apelantes assistentes, porquanto ocupando os bens, a título precário, aguardaram a prolação da r. sentença para tentar fulminá-la de nulidade pela falta de inclusão dos nomes dos demais co-réus em seu relatório.

Não se pode olvidar que o escopo do processo é a instrumentalização do direito material e, assim, não se pode perder de vista que a ocupação de quantos estejam a deter os bens públicos se dá em caráter precário, de sorte a não poderem opor-se ao legítimo direito de quem, em caráter emergencial, lhes deu abrigo.

Assim sendo, a r. sentença, embora não tenha elencado em seu relatório, o nome dos co-réus, pelas circunstâncias especiais do caso, é hígida e legítima, abarcando os vocábulos 'e outros' todos quantos, no momento da execução da sentença, possam estar a ocupar os imóveis reintegrandos, valendo a mesma, portanto, *erga omnes*.

Nega-se, pois, provimento ao recurso dos assistentes-litisconsorciais.

Também no tocante ao recurso dos co-réus apelantes, o improvimento se impõe.

O esbulho restou caracterizado porque a ocupação dos imóveis reintegrandos foi autorizada, a título precário, ante a situação emergencial, não sendo pertinente a alegação de que não foi ela resultante de violência ou clandestinidade.

E nem há falar-se em ter que persistir a Prefeitura Municipal de Franco da Rocha no pólo passivo da ação, resultante da lide secundária derivada de litisdenunciação à lide, bem julgada extinta, sem apreciação do mérito, pela r. sentença recorrida, porque sua participação foi a de, na esfera de sua atuação político-social, buscar solução imediata para o aflitivo problema que surgiu da calamidade pública que se abateu sobre seus munícipes.

Estado e Município, na ocasião, encetaram esforços para minimizar a situação, extremamente grave emergencial, de alojar aqueles que tiveram suas casas atingidas pelas enchentes, porém superadas as dificuldades contingenciais, não podem todos quantos estejam a ocupar os bens reintegrandos pretender a perpetuação da ocupação, porque, fundamentalmente, a autorização a eles concedida foi dada em caráter precário".[101]

Primeiramente, o citado efeito *erga omnes* da sentença que decide questão atinente a esbulhos coletivos será objeto de análise em capítulo próprio, pois a decisão, nesses casos proferida, tem em seu alcance, talvez, a mais marcante de suas peculiaridades. Contudo, não poderiam passar sem breve comentário algumas passagens observadas no Julgado antes transcrito.

Ora, é certo que a ocorrência de esbulho se fazia de forma gritante, uma vez que a posse foi conferida aos réus mediante mera concessão. Precária, portanto, a posse dos ocupantes do imóvel público, cessados os

---

[101] JTACSP, Lex, n. 165, pp. 224/227.

motivos que determinaram sua ida para o local, pouco importa não ter havido violência ou clandestinidade. O que conta, e aqui bem enfrentou a questão o *decisum*, é o fato de ser inteiramente precária a posse dos ocupantes e, assim sendo, oriunda de abuso de confiança por parte de quem se apropriou do objeto por certo tempo, com base numa relação jurídica qualquer, e se recusa a devolvê-lo. A posse, que até aquele momento era justa, pois baseada na relação jurídica, passa *ipso facto* a ser ilegítima, em virtude de abuso de confiança do possuidor, que praticou verdadeira apropriação indébita, caracterizada pelo dolo superveniente.[102]

Todavia, peça por vezes o ente público, no trato da defesa de seu patrimônio, no que diz com a regularidade formal dos procedimentos adotados. Assim, à Administração, tanto quanto ao particular, é vedada a prática de qualquer tipo de retomada, *manu militari*, em inteira inobservância do devido processo legal, o que torna ilegítima a ação estatal na exata medida em que contraria e subverte, de forma inadmissível, a ordem jurídica.

Ilustrativamente, é transcrito Julgado, onde é facilmente verificável a inadequação formal da Administração ao valer-se da força pública, *sponte sua*, para a retomada de imóvel sobre o qual nunca teve posse direta. Assim, restou plasmado:

"AÇÃO POSSESSÓRIA. DESAPOSSAMENTO VIOLENTO. É juridicamente reprovável a conduta do ente público que nunca teve posse direta do imóvel, já que esta era integralmente exercida pelos possuidores, valer-se da força policial militar para tomá-la".

É do Voto:

Como estamos diante de uma ação de manutenção de posse, é a situação de fato que merece relevo, já que

---

[102] Wald, Arnoldo. *Curso de Direito Civil Brasileiro. Direito das Coisas*. 10ª edição, 1995, p. 67.

não se presta para definição de domínio, como, aliás, recentemente se manifestou este Grupo.

O embargado, prestando depoimento pessoal em Juízo, informou que no imóvel funcionava uma loja, e, há cerca de um ano e meio atrás, o imóvel foi invadido por ordem da Secretaria de Educação, ficando na porta um soldado da Brigada Militar, trocaram a chave e todo o material e pertences da loja ficaram presos no prédio.

Restou provada a posse dos embargados, que é de boa-fé, legítima, já que não contestada em nenhum momento que assim não fosse.

A invasão do prédio que haviam reformado, e destinavam à atividade comercial, por ordem da Secretaria de Educação, é a *manu militari* pela Brigada Militar, é ato violento que jamais pode ser legitimado.

Os Estados-Membros, por seu Poder Executivo, também podem modificar a posse, mas só através da medida judicial, providência não adotada na espécie.

O método violento típico dos Estados totalitários de retirar pela força os possuidores não se compadece com a ordem jurídica de um estado de direito, que muitos pregam, mas poucos efetivamente desejam.

Nem a roupagem da destinação nobre deve encobrir o ato atentatório ao direito individual de posse, já que o embargante, em momento algum teve posse direta do imóvel, enquanto os embargados, sim, pois chegaram a construir no imóvel, local parte dela para garageamento e, depois, tiveram a turbação inicial transformada em esbulho.

Assim, com a máxima vênia do prolator do voto minoritário, entendo que merece prosperar o entendimento da maioria. Por tais motivos, estou em desacolher os embargos".[103]

---

[103] Embargos Infringentes nº 195134309 – 2º Grupo Cível, Porto Alegre, v.u., TARGS, 20/06/97, Rel. Juiz Cezar Tasso Gomes.

Também assim, sob o pálio de valer-se do princípio da auto-executoriedade de seu poder fiscalizatório, em caso *consimilis,* houve-se por bem a Administração Municipal, também *sponte sua,* reintegrar-se na posse de imóvel popular, sem a observância do princípio constitucional do devido processo legal, o que configurou flagrante esbulho a cargo da Municipalidade.

É do Voto unânime, assim manifestado:

"REINTEGRAÇÃO DE POSSE. O Município, por melhores que sejam seus objetivos sociais, não pode rescindir compromisso de promessa de compra e venda de imóvel integrante de projeto de habitação popular, reintegrando-se na posse e nela imitir terceiro, tudo unilateral e extrajudicialmente, se direito de defesa. Violação ao princípio constitucional do devido processo legal e cometimento flagrante de esbulho".

E prossegue:

"Por mais elevados que fossem os objetivos sociais do Município, não podia, como não pode, a pretexto de fazer valer a auto-executoriedade de seu poder fiscalizatório, rescindir unilateral e extrajudicialmente o contrato de promessa de compra e venda e se reintegra, *manu militari,* na posse do imóvel, repassando-o a terceiro. Tudo sem direito de defesa.

Violado restou, modo flagrante, o princípio constitucional do devido processo legal (art. 5º, LIV, da CF/88) e provados ficaram os requisitos para reintegração: A posse do autor, o esbulho e a perda da posse".[104]

De tudo, conclui-se, que se acha inteiramente legitimada a Administração Pública a agir, via interditos possessórios, em favor de seus interesses, notadamente, como aqui se viu, em se tratando de esbulhos coletivos.

---
[104] JULGADOS – TARGS – nº 98/385-387. v.u., Rel. Juiz Antônio Guilherme Tanger Jardim. 12/03/96.

Contudo, menos verdadeira não é assertiva, no sentido de que a Administração, não raro, incorre em ilegalidades flagrantes, seja por não-observância do devido processo legal, seja a pretexto de fazer valer o princípio da auto-executoriedade de seu poder fiscalizatório. Ocorre que, em nenhuma das hipóteses, será legítimo o agir da Administração, se levados a efeito sem a observância dos pressupostos normativos insculpidos na Carta da República.

A Administração, tanto quanto o particular, acham-se obrigatoriamente vinculados aos princípios pétreos e fundamentais conferidos a qualquer cidadão pela Magna Carta, constituindo-se ilegalidade flagrante a sua inobservância.

16 – Do petitório e do possessório.
Livre opção do proprietário esbulhado

Trata-se de questão amplamente sedimentada, aquela que remete à livre opção que tem o titular do domínio de se valer, em caso de violência à posse, tanto da ação possessória quanto da reivindicatória, isso com o fito de defender sua propriedade. O entendimento se faz inteiramente lógico, isso na exata medida em que não se trata a ação de reintegração de posse do único e exclusivo remédio processual a amparar o direito que tem o proprietário de defender seu patrimônio e, conseguinte, reaver a coisa esbulhada.

Daí mostrar-se inteiramente equivocado o entendimento no sentido de que o proprietário deverá, em caso de esbulho, inarredavelmente manejar ação interdital, posto que se constitui, sempre, uma faculdade do proprietário esbulhado optar entre o possessório e o petitório.

Esclarecedor Julgado, por sua clareza e precisão, bem apanhou a questão sob comento, assim decidida:

"PETITÓRIO E POSSESSÓRIO – Quando o proprietário tem livre opção entre os dois – Esbulho – Ação reivindicatória e ação reintegratória.

- Não é a reintegratória único remédio processual contra o esbulho. O proprietário conta, também, com a ação de reivindicação, para recuperar a coisa esbulhada.

- A possessória é sempre uma faculdade e nunca uma obrigação do esbulhado. Perdida a posse, o possuidor conta com o remédio expedito da reintegratória. Mas esse procedimento é provisório e não atinge o *direito à posse*, cuja raiz está no domínio. Por ele tutela-se apenas o fato da posse, até que se resolva a questão dominial, em ação própria.

- Assim, se o esbulhado deixa de lado, o remédio enérgico, mas precário da tutela possessória, e busca diretamente a tutela do domínio, pela ação petitória, está apenas abdicando da tutela provisória para ir direto à tutela definitiva do seu direito real".

É do aresto em questão:

"Bate-se o apelante pela inadequação da reivindicatória, quando o caso é de esbulho, porque a ação própria seria a reintegratória.

Não lhe assiste razão.

A possessória é sempre uma faculdade e nunca uma obrigação do esbulhado. Perdida a posse, o possuidor conta com o remédio expedito da reintegratória. Mas esse procedimento é provisório e não atinge o *direito a posse*, cuja raiz está no domínio. Por ele tutela-se apenas o *fato* da posse, até que se resolva a questão dominial, em ação própria.

Assim, se o esbulhado, deixa de lado o remédio enérgico, mas precário da tutela possessória, e busca diretamente a tutela do domínio, pela ação petitória, está apenas abdicando da tutela provisória para ir direto à tutela definitiva do seu direito real. No caso dos autos, os apelados são legítimos proprietários do imóvel, reivindicando e seu *jus in re* nem sequer é posto em dúvida pelos réus. Nenhuma impropriedade existe, portanto, na escolha da ação reivindicatória.

A falta de citação da mulher do demandado, outrossim, foi sanada a tempo.

Quanto ao direito de indenização pelas benfeitorias, certo andou a v. sentença em não reconhecê-lo. Não demonstrou o apelante ter sido ele quem edificou a casa onde mora, na propriedade do autor. Ademais, se fez algum pequeno gasto enquanto morou gratuitamente no imóvel dos autores, isto se deu em seu próprio interesse, sem gerar direito à indenização e muito menos direito de retenção"[105].

No mesmo sentido, o Julgado assim vertido:

"AÇÃO REIVINDICATÓRIA. Prova da cadeia dominial pelo lapso da prescrição aquisitiva – Desnecessidade – Basta a transcrição do Registro Imobiliário – Interdito possessório.

- No sistema atual da propriedade imobiliária, não há mais que se exigir do autor da ação reivindicatória que apresente seu título e mais o dos seus antecessores, até completar o tempo da prescrição aquisitiva.

- Com o Código Civil, o Registro de Imóveis tem a força de fazer presumir a propriedade em favor daquele que tem o título transcrito. Na reivindicatória, portanto, basta ao autor comprovar a transcrição em seu nome.

- *A possibilidade de repelir o esbulho pelo interdito possessório não é empecilho ao uso da reivindicatória. É apenas uma faculdade do proprietário esbulhado*" (grifou-se).

A jurisprudência invocada pela v. sentença, que impõe ao autor da ação de reivindicação a prova completa

---

[105] Theodoro Júnior, Humberto. *Posse e Propriedade*, 3ª ed. Leud, 1988, pp. 243/245.

da filiação dominial, durante todo o tempo da prescrição aquisitiva, remonta a uma velha tradição formada anteriormente ao Código Civil, quando a transcrição imobiliária não era, nem obrigatória, nem suficiente por si só para provar a transmissão da propriedade.

Hoje é regra de direito positivo expresso que se presume *pertencer o direito real à pessoa, em cujo nome se inscreveu, ou transcreveu (Cód. Civil, art. 859).*

Com esse preceito, nosso direito civil rompeu com a tradição do direito pré-codificado, onde se dispunha que a transcrição não induzia prova do domínio, por ser mero ato de publicidade. Agora, porém, explica Carvalho Santos, *já não é assim: a transcrição prova existir o direito real a favor da pessoa em cujo nome se inscreveu ou transcreveu. Essa prova somente por meio de ação anulatória pode ser destruída, porque só com a sentença é que se poderá cancelar a transcrição ou inscrição. E, até o cancelamento ser feito, a prova subsiste válida, operando todos os seus efeitos* (Cod. Civ. Bras. Interp., vol. X, 8ª ed., p.549).

A presunção, na verdade e, *juris tantum*, de modo que admite prova em contrário, produzida em processo contencioso.

Mas, a principal conseqüência da sistemática do Código Civil é, justamente, a de que *enquanto não for anulada a transcrição, como proprietário deve ser considerado aquele, em cujo nome foi transcrito o imóvel ficando, assim, dispensado de provar o domínio dos seus antecessores, o que é de capital importância em se tratando de prova na ação de reivindicação* (Carvalho Santos, ob. cit., pp. 550-551).

Na mesma linha de princípios, é a jurisprudência do S.T.F., que, em exegese dos arts. 524, 530, nº I, e 856, nº I, todos do Código Civil, já assentou:

'Dispondo o autor de título devidamente transcrito, assiste-lhe direito a reivindicar imóvel a que se refere, atendidos os demais requisitos' (R.E. 67.322, Rel. Min. Thompson Flores, *in* R.T.J., 57/509).

Constou do voto do Relator do julgado do Pretório Excelso o esclarecimento de que 'hoje em dia, perante os arts. 530 e 859 do Código Civil, quem tiver o título de aquisição de um imóvel devidamente registrado, poderá intentar a ação de reivindicação, sem apresentar o título do transmitente, só devendo decair da ação se o réu, no decurso do processo, demonstrar a ilegitimidade daquele título ou apresentar outro que lhe seja preferente. Se o réu, contudo, nada provar, deverá restituir o imóvel ao proprietário que, como tal figurar no competente registro'.

De igual teor, também o aresto do T.J. de São Paulo, relatado pelo então Des. Barros Monteiro, que mais tarde ilustrou o S.T.F. como um de seus brilhantes ministros, cuja divulgação se faz da Rev. Forense, Vo. 155, págs. 253-255.

Como o próprio Magistrado reconhece, no caso *sub iudice*, inexistir controvérsia quanto ao título dominial dos autores, é evidente que não se pode divisar defeito processual na circunstância de não se ter feito a prova da cadeia dominial anterior à transcrição imobiliária provada no ajuizamento da causa.

O segundo fundamento, em que se apóia o decreto de carência de ação também, não merece subsistir.

Não é certo que o cabimento, em tese, de um interdito possessório exclua ou torne inadmissível a ação petitória ou dominial.

O domínio, por si só, é suficiente para autorizar o exercício da pretensão de dono de recuperar a coisa sua de quem quer que a detenha injustamente (Cód. Civil, art. 524).

A proteção possessória é um remédio apenas provisório colocado à disposição do simples possuidor para obter efeitos enérgicos e prontos contra a violação, clandestina ou violenta, de um estado de fato. Trata-se de providência para coibir tumultos contra a paz social, inclusive aqueles oriundos do exercício arbitrário das próprias razões ou da justiça pelas próprias mãos.

Com os interditos tutela-se a aparência de domínio, até que na via principal e definitiva do petitório se defira e esclareça a quem realmente toca o direito à posse. Quem sofre um esbulho (isto é, uma perda de posse por ato ilegítimo ou contrário a direito), se é apenas possuidor, só pode se valer da via interdital. Mas, se é proprietário, pode perfeitamente optar entre a tutela provisória da proteção possessória e a tutela definitiva da ação reivindicatória.

Não há, portanto, para o verdadeiro proprietário nenhuma obrigação de se valer, exclusivamente, da proteção precária do interdito de reintegração de posse diante de uma situação de esbulho. Se preferir a via principal da ação petitória, é claro que ficará privado do amparo da medida liminar (típica da via interdital) e terá o ônus de provar sua propriedade adequadamente. Mas, em compensação, se sair vitorioso, terá uma solução definitiva quanto ao seu direito real e o seu consectário, que é o direito à posse do bem litigioso.

São, portanto, requisitos do sucesso da ação reivindicatória, diante do art. 524 do Código Civil:

a) a prova pelo autor de que o domínio da coisa lhe pertence; e

b) a prova de que o réu detém a mesma coisa injustamente, ou seja, de forma que repugna ao direito (T.J.M.G., apel. 54.027, Rel. Des. Agostinho de Oliveira, in 'D.J.M.G.' de 23/09/80).

Sendo, sem dúvida, o esbulho uma causa de posse injusta, não se pode questionar a respeito de sua reparabilidade por meio da ação reivindicatória".[106]

Visto assim, não paira qualquer dúvida no sentido de ser uma faculdade, ou ainda, mera opção do titular do domínio, o manejo tanto da via interdital quanto

---
[106] Theodoro Júnior, Humberto. Op. cit. pp. 47/50.

petitória, para defender seu direito real. Observado o ato de desapossamento, consistente em esbulho coletivo ou não, nada estará a obstar o aforamento da medida que melhor aprouver ao titular do domínio violado. Todavia, se pacífica se mostra a possibilidade de ser livre a escolha do proprietário, no que diz com o procedimento de defesa a ser manejado, situação não menos sedimentada, é aquela que aponta no sentido do descabimento de qualquer tipo de conversibilidade de procedimento elegido, uma vez completada a relação processual. Tal vale afirmar que, uma vez proposta a ação interdital, ali se esgotará a pretensão nesses moldes manifestada, ou seja, operando-se a opção pelo procedimento especial, não mais haverá de se cogitar acerca de qualquer fungibilidade, aliás instituto próprio e específico, reservado às ações possessórias, exclusivamente. Inteiramente distintos os procedimentos, por definição processual, afasta-se qualquer possibilidade de conversão, o que encontra sólido respaldo jurisprudencial.

Daí a necessidade de achar-se inteiramente seguro o titular do domínio, na busca da defesa de seu direito real espoliado, especificamente no que toca à escolha da via processual que melhor se adequará ao caso concreto então observado, pois uma vez estabelecido o contraditório, seja na via possessória ou petitória, não mais poderá se valer de qualquer conversão, nos moldes em que se observa, v.g., na ementa assim plasmada:

"POSSESSÓRIA. CONVERSÃO PARA PETITÓRIA: INCABIMENTO, PRINCIPALMENTE DEPOIS DE CONSTESTADA...".[107]

17 – Da ação reivindicatória e antecipação da tutela

Inicialmente, a questão referente ao cabimento, ou não, da tutela antecipada nas ações petitórias, pode se

---
[107] JULGADOS – TARGS – nº 85, p. 212. v.u., Rel. Juiz Moacir Adiers. 02/04/92.

prestar ao surgimento de entendimentos divergentes, o que não se mostra incomum, mormente em se cuidando de instituto processual de recente aplicação. A exemplo do já anteriormente exposto, onde restou amplamente admita a antecipação da tutela nas ações possessórias de força velha, presentes os requisitos para tanto, dúvidas outras poderão surgir, por natural, no que diz com a adoção do citado instituto nas ações reivindicatórias.

O posicionamento é pela admissão da concessão da tutela antecipatória na situação sob comento.

Considerando-se que:

"... em toda ação de conhecimento, em tese, é admissível a antecipação da tutela, seja a ação declaratória, constitutiva (positiva ou negativa), condenatória, mandamental, etc. A providência tem cabimento, quer a ação de conhecimento seja processada pelo rito comum (ordinário ou sumário) ou especial, desde que verificados os pressupostos da norma sob comentário. O CPC 273 prevê a tutela antecipatória de forma *genérica*, enquanto o CPC 461, par. 3º regula o instituto nas ações de obrigação de fazer ou não fazer. Não cabe tutela antecipada em ação cautelar por falta de interesse processual, pois a liminar cautelar é antecipatória do mérito da própria providência cautelar pretendida pelo autor. A parte, portanto, não terá necessidade de pedir a tutela antecipada – do CPC 273 – na ação cautelar".[108]

Pois bem, tratando-se a reivindicatória de ação de conhecimento por definição, caberá em favor do titular do domínio, sempre que o mesmo postular a retomada da coisa, que injustamente estiver na posse de terceiro, o pedido de antecipação da tutela. O elemento constitutivo da propriedade, consistente na *rei vindicatio*, conforme salienta Maria Helena Diniz, nada mais vem a ser do que o poder que tem o proprietário de mover

[108] Nery Júnior, Nelson. Op. cit. p. 548.

ação para obter o bem de quem injusta ou ilegitimamente o detenha, em razão do seu direito de seqüela[109].

Com sua habitual proficiência, é de ser transcrito o magistério de Cândido Rangel Dinamarco, ao assim ponderar:

"É muito antiga a preocupação pela presteza da tutela que o processo possa oferecer a quem tem razão. Os *interdicta* do direito romano clássico, medidas provisórias cuja concessão se apoiava no mero *pressuposto* de serem verdadeiras as alegações de quem as pedia, já eram meios de oferecer proteção ao provável titular de um direito lesado, em breve tempo e sem as complicações de um procedimento regular.

No direito moderno, a realidade dos pleitos judiciais e a angústia das longas esperas são fatores de desprestígio do Poder Judiciário (como se a culpa fosse só sua) e de sofrimento pessoal dos que necessitam da tutela jurisdicional. Fala-se no binômio *custo-duração* como o eixo em torno do qual gravitam todos os males da justiça comtemporânea (Vicenzo Vigoritti) e com toda a autoridade já foi dito, em sugestiva imagem, que *o tempo é um inimigo do direito, contra o qual o juiz deve travar uma guerra sem tréguas* (Carnelutti). Acelerar os resultados do processo é quase uma obsessão, nas modernas especulações sobre a tutela jurisdicional.

O novo art. 273 do Código de Processo Civil, ao instituir de modo explícito e generalizado a *antecipação dos efeitos da tutela pretendida,* veio com o objetivo de ser uma arma poderosíssima contra os males corrosivos do tempo no processo. Inserindo-o no Livro I do Código de Processo Civil, que tem por objeto o processo de conhecimento, o legislador tomou conhecimento quanto a uma questão conceitual que já foi muito importante, que é a da possível *natureza cautelar* da antecipação da própria tutela pretendida no processo de conheci-

---
[109] Diniz, Maria Helena. *Cód. Civ. Anotado,* p. 440.

mento. No clássico compêndio de Calamandrei, a *antecipação de provimentos decisórios* comparece entre as figuras de medidas cautelares: através dela, disse, 'decide-se provisoriamente uma relação controvertida, à espera de que através do processo ordinário se aperfeiçoe a decisão definitiva'. Sua finalidade é afastar situações de indefinição das quais, se fosse necessário esperar até que seja emitido o julgamento definitivo, *'potrebbero derivare a una delle parti irreparabili danni'*.

Cautelar ou não, é a esse desiderato que visa a antecipação da tutela agora disciplinada no Código de Processo Civil. Aplaude-a a doutrina especializada, colocando-a desenganadamente nos quadros da tutela própria do processo de conhecimento ao estabelecer o critério distintivo: *'não é tutela cautelar porque essa deve limitar-se a assegurar a viabilidade da realização do direito afirmado'* – sendo que a tutela sumária satisfativa não se limita a assegurar a viabilidade da realização do direito afirmado".[110]

Com efeito, magistral se mostra o entendimento do eminente processualista. Se em tempos pretéritos, ao qual aqui se dá conotação de passado recente, via-se o proprietário esbulhado em situação de inteira perplexidade quanto à escolha do remédio processual a ser adotado na defesa de seu patrimônio, ou seja, entre o procedimento enérgico mas precário da tutela possessória e a ação petitória onde tutelaria de forma definitiva – mas lenta – seu direito real, tal nos dias atuais não mais se afeiçoa como situação ocorrente.

Assim, poderá o titular do domínio, desde logo, valer-se também, na ação reivindicatória, da providência não menos enérgica e pronta, consistente na postulação do deferimento da antecipação dos efeitos da tutela.

---

[110] Dinamarco, Cândido Rangel. Op. cit., pp. 138/139.

E tal providência processual poderá se dar a qualquer tempo no curso do processo de conhecimento, visto que:

"... esta medida de tutela antecipada pode ser concedida *in limine litis* ou em qualquer fase do processo, *inaudita altera pars* ou depois da citação do réu. Para conciliar as expressões 'prova inequívoca' e 'verossimilhança', aparentemente contraditórias, exigidas como requisitos para a antecipação da tutela de mérito, é preciso encontrar um ponto de equilíbrio entre elas, o que se consegue com o conceito de *probabilidade*, mais forte do que verossimilhança, mas não tão peremptório quanto o de prova inequívoca. É mais do que o *fumus boni juris*, requisito exigido para a concessão de medidas cautelares no sistema processual civil brasileiro. Havendo dúvida quanto à probabilidade da existência do direito do autor, deve o juiz proceder à *cognição sumária* para que possa conceder a tutela antecipada".[111]

Ora, por qualquer ângulo que se examine a questão, fatalmente se chegará à conclusão no sentido do inteiro cabimento da tutela jurisdicional antecipada em se cuidando de ação petitória, posto que de processo de conhecimento se trata. Argumenta-se também, no sentido do já aqui abordado, no que diz com a pronta defesa do direito real do esbulhado que, doravante, contará não somente com a rápida possibilidade de buscar a tutela definitiva de seu direito via ação reivindicatória, mas também, e sobretudo, amenizar a preocupante situação de perplexidade vivenciada no momento da escolha do remédio processual a ser utilizado em relação ao fato concreto.

Na questão atinente aos movimentos invasivos organizados, perpetradores de esbulhos e danos a imóveis, inclusive aqueles rurais comprovadamente produtivos, o que se constitui em procedimento inadmissível, con-

---
[111] Nery Júnior, Nelson. Op. cit., p. 549.

forme já se viu, poderá o proprietário valer-se do pleito petitório contando com o deferimento da tutela jurisdicional antecipada, bastando, para tanto, desincumbir-se junto ao Poder Judiciário – mais enfermo que culpado -, no dizer do eminente Ministro Sálvio de Figueiredo Teixeira, desde que satisfeitos os pressupostos exigidos pela lei processual.

Derradeiramente, não poderia passar sem qualquer alusão a máxima preconizada por Cândido Rangel Dinamarco, ao deste modo se posicionar:

"Imagine-se uma *Ação Reivindicatória*, com o domínio bem comprovado e nenhuma controvérsia quanto à localização física do imóvel. Não se cuida de ativar mecanismos para neutralizar eventuais riscos de perda do direito em caso de demora. Dá-se vida ao próprio direito, permitindo que seja exercido desde logo. A enorme probabilidade de existência do direito à posse do bem aconselha o juiz a conceder a tutela desde logo, antecipando-a, portanto". E adiante: "É inevitável, em qualquer processo, a presença do trinômio *certeza-probabilidade-risco*. A sabedoria do juiz reside em dispensar os rigores absolutos de uma *certeza*, aceitando a *probabilidade adequada* e dimensionando os *riscos* que legitimamente podem ser enfrentados".[112]

---

[112] Dinamarco, Cândido Rangel. Op. cit., pp. 145/146.

VIII – Invasão de área – contestação ofertada por parte de alguns dos esbulhadores

Cuida-se aqui, de situação comumente verificada em se cuidando de invasões coletivas, perpetradas por um contingente incontável de esbulhadores, o que termina por dificultar – quando não inviabilizar -, a nominação exata de cada um dos invasores. Contudo, como já se viu anteriormente, uma vez concedida a liminar reintegratória, poderá facilmente ocorrer a citação multitudinária via edital e, completada a relação processual, passar-se à execução da liminar concedida *initio litis*.

Todavia, neste capítulo, se abordará a resposta dos demandados, ou seja, a contestação parcial, efetivada por alguns poucos integrantes daquele ato invasivo, o que, forçosamente, determina o reconhecimento da revelia dos demais réus não contestantes, o que resulta no alcance dos efeitos do mandado reintegratório a todos os citados, indistintamente, independentemente de terem ou não ofertado sua resposta regularmente. Na mesma linha de raciocínio, por certo, que se operará a extensão da eficácia subjetiva do julgado a todos os ocupantes do imóvel, o que será objeto de mais detida abordagem em capítulo a seguir desenvolvido.

Por ora, se analisará, tão-somente, a questão atinente ao oferecimento de contestação parcial, o que vale dizer, levada a cabo por um pequeno número de esbulhadores.

Como sabido, em situações tais, onde é observada a prática de invasões coletivas multitudinárias, de modo geral, com a concessão e a execução da liminar reintegratória, há, ordinariamente, a recomposição da situação de fato anterior, com a saída geralmente pacífica dos invasores, observadas a adoção de algumas cautelas visando a melhor *gerenciar o conflito*. Tal vale afirmar, que raros são os procedimentos possessórios coletivos que chegam a ser contestados, ou ainda, que venha a sentença final de mérito, ser objeto de recurso, isso levando-se em conta que a ação ordinariamente se esgota na própria execução da liminar, perdendo, conseguinte, o processo, o seu objeto.

No caso sob comento, interessante questão ligada a esbulho coletivo restou observada, isso na exata medida em que apenas alguns dos invasores ofertaram contestação. Com a final procedência do pleito possessório, a extensão da eficácia subjetiva do julgado alcançou a todos os invasores do imóvel, mesmo em relação aqueles não citados para a demanda. Assim restou decidido:

"POSSESSÓRIA – Reintegração de posse – Área invadida por várias famílias – Contestação e apelação de alguns invasores alegando falta de perfeita individualização do imóvel e de comprovação do exercício de posse efetiva do autor na área reclamada – Perícia não produzida – Ônus a cargo do autor – Depoimentos testemunhais falhos e insuficientes para a comprovação dos requisitos do art. 927 do CPC – Improcedência da ação em relação aos apelantes – Mandado reintegratório mantido em relação aos citados que não contestaram, por aplicação dos efeitos da revelia – Extensão da eficácia subjetiva do julgado a todos os ocupantes do imóvel, mesmo não citados para a causa – Voto vencido quanto a tal tópico.

Ementa oficial: Possessória. Reintegração. Direito: conceito de Lógica Jurídica. Lei injusta. Interpretação. Propriedade: função social. Constituição Federal.

1) Em ação de reintegração de posse deve a parte autora providenciar prova convincente de que a área dada por invadida é constante de seu título de propriedade, se invocado o domínio. Dificuldade dessa prova fora da perícia. Outrossim, precisa comprovar que estão efetivamente sobre a área os integrantes do pólo passivo da relação processual.

2) Natureza ontológica do Direito como objeto cultural e conseqüências daí advindas. A lógica jurídica não é formal, mas concreta ou dialética. Significação do valor do justo. Inaplicação da lei injusta. Abrangência da concepção constitucional de função social da propriedade. Normas da Constituição Federal voltadas à eliminação da pobreza e das desigualdades sociais. Inconveniências sociais e valorativas da extensão da eficácia do julgado a quem não foi parte na ação possessória, com o que o Relator cassava o comando sentencial de retirada de quaisquer ocupantes encontrados no imóvel, parte em que restou vencido. Compreensão da maioria no sentido de que a eficácia da sentença proferida no interdito de reintegração é *erga omnes*, de que não é dado ao Juiz deixar de cumprir a lei, quando dela é que vem a sua autoridade, e que o Judiciário não tem, no direito positivo brasileiro, instrumental para solução de conflito social decorrente da ausência de moradias populares".[113]

É do Julgado em questão:

"Resta o exame do problema de que o Magistrado determinou que os efeitos da sentença alcançariam quaisquer ocupantes do imóvel, mesmo aqueles não ci-

---

[113] RT, 641/233. Ap. 188078851 – 3ª Cam., j. 14/12/88, rel. Juiz Sérgio Gischkow Pereira, TARGS.

tados, ou seja, que não foram partes. Neste particular houve divergência na Câmara, com o Relator restando vencido por não concordar com aquela ordem sentencial, que anulava de ofício. A manifestação do Relator se radicou nos fundamentos que passam a ser expostos.

Inolvidável Acórdão do 1º Grupo Cível deste Tribunal (JTARGS 51/160) soube equacionar com maestria, razoabilidade e justiça situação assemelhada. Seus fundamentos integram este aresto como razões de decidir do Relator. Transcreve-se a excelente declaração de voto do Dr. José Maria Rosa Tesheiner, que, entre outros notáveis argumentos, recorda o amparo constitucional expresso para o assunto, trazido pela previsão constitucional de função social para a propriedade:

'Esta não é uma possessória igual a tantas outras, em que são indivíduos os que contendem. Aqui, é uma coletividade que se apresenta como ré. Busca-se reintegrar na posse uns poucos e demitir da posse uma comunidade, uma vila. Essa a peculiaridade a destacar desde logo, porque não se encontra na lei solução expressa para hipóteses como a presente'."[114]

Adiante, assim posicionou-se a douta maioria:

"Com toda a vênia, este acórdão soube captar melhor a verdadeira essência do Direito e os corolários daí resultantes do que aquele publicado *in* JTARGS 66/173, que possibilitou a extensão subjetiva do julgamento a pessoas que não tinham sido partes no feito.

O Direito é objeto cultural e, destarte, impregnado pela consideração axiológica e sociológica, correspondendo-lhe o ato cognitivo da compreensão (e não da intelecção ou da explicação) e o método empírico-dialético (e não o método racional-dedutivo ou o empírico-indutivo), como demonstra Carlos Cossio em *La Teoria Egológica del Derecho y el Concepto Jurídico de Liberdad*.

---
[114] RT, idem, p. 236.

Abeledo-Perrot, Buenos Aires, 2ª ed., 1964, pp. 54-101. A lógica jurídica não é lógica formal ou matemática, mas lógica do razoável (Luis Recaséns Siches, *Tratado General de Filosofia del Derecho*, Editorial Porruá, México, 7ª ed., 1981, pp. 627-664), ou lógica concreta, ou lógica dialética. O valor maior na gama axiológica do direito é o valor de justo; um justo não meramente vazio e formal, do que dar a cada um o que é seu, mas preenchidos de critérios concretos tomados da época histórica e orientado pelos princípios universais e gerais do jurídico (Roberto A R. de Aguiar, *O que é Justiça*, ed. Alfa-Omega, 1982; Theodor Viehweg, *Tópica e Jurisprudência*, Departamento de Imprensa Nacional, 1979). O justo, outrossim, é dimensionado também pelas circunstâncias específicas do caso concreto submetido ao exame do Judiciário. A lei injusta não pode prevalecer, sem que deliberação nesse sentido implique prolação de sentença *contra legem*, pois, se a norma jurídica é portadora de valoração independente, importa descobri-la no contexto dos demais valores sociais, isto é, conduzir a norma de Direito ao seu lugar no quadro geral das valorações; o que a hermenêutica tradicional considera, portanto, uma decisão *contra legem* nada mais é do que a exclusão a que o juiz procede das valorações *estranhas* que a norma possa constituir, porque contrárias aos princípios gerais do direito (Luiz Fernando Coelho, *Lógica Jurídica e Interpretação das Leis*, Forense, 2ª ed, 1981, pp. 171 e 172). Por isto, Pontes de Miranda (*Comentários ao Código de Processo Civil*, Forense, 1974, t. VI/290) assevera que o Juiz, ao prometer cumprir a lei, jura obediência ao Direito e não à letra legal, tratando-se aquele de conceito sociológico. Acrescenta: 'Ainda quando o Juiz decide *contra legem scriptam*, não viola o direito se a sua decisão corresponde ao que se reputa direito' (ob. e v. cits., p. 294). E mais: 'o juiz deve afastar-se do texto legal quando deixando de aplicá-lo, serve ao Direito do seu momento' (idem, p. 299). Por sinal, o caso concreto

nem envolve decisão aparentemente adversa ao texto legislativo, visto aí está a previsão constitucional da função social da propriedade. Nossa Constituição Federal contém várias normas esplêndidas, que não ensejam dúvida sobre como deve o julgador resolver em situações desta espécie (além do princípio da função social da propriedade). Vejam-se os exemplos:
1) o Brasil tem como fundamento, entre outros, a dignidade da pessoa humana (art. 1º, III);
2) são objetivos fundamentais da República Federativa do Brasil: construir um sociedade livre, justa e solidária, erradicar a pobreza e a marginalização e reduzir as desigualdades sociais, promover o bem de todos, sem quaisquer discriminações (art. 3º, I, III e IV);
3) solo urbano inaproveitado se sujeita à penalização: art. 182, § 4º;
4) a propriedade rural deve ser produtiva para não se sujeitar à reforma agrária. O certo é que país com milhões e milhões de famintos e sem moradia (ou com moradias atentatórias ao mínimo de dignidade humana) não pode conviver com vastas áreas de terras sem ocupação, cujos proprietários aguardam sua valorização.
Por estas razões, não via o Relator como fazer prevalecer visão tecnicista e formalista do Direito sobre a função social da propriedade".[115]

No plano argumentativo, o judicioso voto antes parcialmente transcrito sustenta-se por si só. Contudo, conforme já abordado em questões anteriormente enfrentadas nesta abordagem, com razão se apresenta a douta maioria que, lastreada também em princípio inteiramente judiciosos, terminou por emprestar correto desate ao caso concreto. Assim:

"No entanto, a douta maioria pensou diversamente, confirmando a determinação judicial de extensão da

---
[115] RT, idem, pp. 237/238.

eficácia subjetiva do Julgado a todos os ocupantes do imóvel, mesmo não citados para a causa. Sustentou ela que o interdito de reintegração é ação com força executiva predominante, em cuja execução não cabem embargos. A eficácia da sentença nele proferida é *erga omnes* (Pontes de Miranda, in *Comentários ao Código de Processo Civil*, t. XIII/272, ed. Forense, 1977, citando opinião de Álvaro Velasco *Decisionun Consultationum*, I/181). Por isto, acolhida a pretensão reintegratória da autora, valerá contra quem quer que se encontre ocupando o imóvel, porque o acolhimento só pode resultar do reconhecimento da inexistência de melhor posse (art. 507 do CC). Afirmou também a maioria, que o Judiciário não tem no direito positivo brasileiro instrumental para solução de conflito social decorrente da ausência de moradias populares. O tema de acesso à propriedade vem sofrendo evolução, assim como a questão de sua harmonização com o interesse social. O sistema jurídico já conhece do usucapião especial, premiando a posse *pro labore*, permitindo sua declaração mesmo quando alegada como matéria de defesa (arts. 1º e 7º da Lei nº 6.969, de 10/12/81). De *lege ferenda*, poderá vir a ser adotada a sugestão da reforma proposta ao Código Civil pelo projeto de lei 634-B/75, em cujo art. 1.229, § 4º, se institui a desapropriação judicial quando considerável número de pessoas tiver realizado na coisa obras e serviços, em conjunto ou separadamente, entendidos pelo Juiz de interesse social e econômico relevante. Nesse caso, a sentença poderá vir a fixar, na demanda petitória do proprietário, a justa indenização devida ao *dominus* e, pago o preço, valerá ela como título para transcrição em nome dos possuidores. Isto após posse de cinco anos. Até lá, a maioria dos componentes desta Câmara assevera não tem o Judiciário como não acolher pretensão restituitória formulada pelo proprietário em casos de invasão individual ou coletiva de imóveis. Nem será o Juiz quem deixará de cumprir a lei, quando dela é que vem sua autoridade e somente em seus termos é que poderá ser exercida. A arbitrariedade não deixa de sê-lo somente porque praticada com boa intenção.

Fica esclarecido que todos os que foram citados são atingidos pela sentença, desde que não tenham contestado (mesmo porque o litisconsórcio passivo estabelecido entre os réus não é unitário, com o que não cabe aplicar o art. 509, *caput*, do CPC).

Por fim, *em face do entendimento da maioria, prevalece a ordem da sentença que estendeu seu efeito executivo a quaisquer outros ocupantes do imóvel, mesmo que não tenham sido citados*"[116].

Conforme visto o efeito *erga omnes* da sentença, abarcou a totalidade dos contestantes, réus citados e revéis, bem como estendeu seu efeito executivo a todo e qualquer outro ocupante do imóvel, ainda que não citado.

Aqui se aborda, tão-somente, a questão atinente à resposta parcial, ou seja, o ofertamento de contestação por apenas dos muitos invasores. Contudo, outra não poderia ser a posição da Câmara. Como já visto à sociedade, não poderá o Juiz deixar de cumprir a lei, quando dela é que vem sua autoridade, e de que o Poder Judiciário não tem, no Direito Positivo brasileiro, instrumental adequado para a solução de conflito social. Tal dever, conforme insculpido na Carta da República, compete ao Estado-Administração, o qual jamais poderia se demitir de suas responsabilidades e deveres, simplesmente repassando ao Judiciário a solução de conflitos sociais, esses de sua inteira e única responsabilidade.

---

[116] RT, idem, p. 238 – grifou-se.

IX – Das invasões coletivas e intervenção do Ministério Público

Inteiramente oportuno o advento da Lei nº 9.415, de 23 de dezembro de 1996, que deu nova redação ao inciso III do artigo 82 do Código de Processo Civil, dispondo que compete ao Ministério Público intervir "nas ações que envolvam litígios coletivos pela posse da terra rural e nas demais causas em que há interesse público evidenciado pela natureza da lide ou qualidade da parte" (sic).

Com efeito, se de inteiramente oportuna se reputa a nova redação emprestada ao pressuposto normativo em questão, tal assim se apresenta, em conta da sensível divergência – observada até até passado recente -, no sentido da obrigatoriedade, ou não, da intervenção do Ministério Público em se tratando de litígios coletivos envolvendo posse de terra rural. A prolação de julgados diversos no particular, ora dando pela desnecessidade da intervenção, ora decidindo no sentido da obrigatoriedade da intervenção Ministerial, mais contribuía para a observância de verdadeira divergência jurisprudencial no particular.

O Código de Processo Civil, em seu Título III, ao tratar especificamente do Ministério Público e sua participação no processo, estabelece com inteira clareza a atuação do Órgão, tanto quando exercer seu direito de ação, na qualidade de parte, ou ainda, quando atuar sem essa qualidade, ou seja, como *fiscal da lei* ou *custos legis*.

No que respeita à primeira hipótese, ou seja, o Ministério Público como parte no processo, inteiramente abrangente e esclarecedor se mostra o magistério de Celso Agrícola Barbi, ao assim ponderar.

"O art. 81 trata apenas dos casos em que o Ministério Público exercerá o direito de ação, isto é, será parte. Essas hipóteses são pouco numerosas e expressamente previstas na lei. Temos como exemplo a ação daquele órgão para anular casamento celebrado perante autoridade incompetente, nos termos do art. 208, parágrafo único, item II, do Cód. Civil.

Nessas hipóteses, a lei, considerando que o Ministério Público tem posição de *parte*, lhe atribui os mesmos poderes e ônus criados para outras pessoas quando assumem aquela posição.

Os órgãos do Ministério Público, todavia, dificuldades oriundas da sua condição de entidade de serviço público; não podem eles, por ato próprio, limitar os serviços a seu cargo, de modo que, freqüentemente, estão assoberbados de trabalhos. Com isto, poderia haver falhas no exercício da função, se o tratamento legal a ela dispensado fosse rigorosamente igual ao dado ao particular.

Por isto, são abertas exceções ao princípio igualitário do art. 81. Como exemplo, o art. 188 manda computar em dobro o prazo para recorrer quando o Ministério Público for *parte*".[117]

Contudo, a nova redação legal prende-se exclusivamente ao texto incorporado pelo art. 82 do CPC, ou seja, naquelas situações processuais onde o Ministério Público deverá intervir não como *parte*, mas como *fiscal da lei*.

Antes, mesmo do advento da Lei nº 9.415, precedentes jurisprudenciais esparsos já acenavam no senti-

---

[117] Barbi, Celso Agrícola. *Comentários ao Código de Processo Civil*, vol. I, 2ª edição, 1981, Forense, pp. 376/377.

do da admissão da intervenção do Ministério Público onde estivesse sob litígio o interesse de toda uma comunidade, ou ainda, interesse público, na qualidade de *custos legis*. Decidiu o Pretório Excelso:

"O Ministério Público tem no processo duas funções. Ora atua como órgão agente, ora como órgão interveniente. Nesta última qualidade, como fiscal da lei, cabe-lhe intervir em todas as causas em que há interesse público, evidenciado pela natureza da lide ou qualidade das partes – CPC, art. 82, III. Não sendo intimado o Ministério Público por iniciativa da parte nas causas em que sua intervenção é obrigatória, o processo é nulo".[118]

E mais:

"Admite-se a intervenção do MP, por determinação judicial, na lide em que há interesse de toda uma coletividade, mesmo que não seja alegado interesse de menores, ausentes ou incapazes. Trata-se de faculdade que assiste ao juiz".[119]

Como se vê, a própria jurisprudência pátria, ainda que por vezes vacilante, já demonstrava entendimento no sentido da necessidade da intervenção do Ministério Público nas lides onde houvesse interesse de toda uma coletividade. Ora, as invasões coletivas rurais, perpetradas por multidão organizada, terminam por gerar ações que envolvem interesses coletivos evidentes.

Anteriormente à adoção da nova redação do item III do art. 82 do CPC, bem se prestava tal pressuposto normativo, ao surgimento de interpretações diversas e discordantes, no que dizia com seu efetivo alcance. Novamente esclarecedor, o posicionamento de Celso Agrícola Barbi, em sua obra já citada, ao assim posicionar,

---

[118] Ac. unân. Da 1ª T. do STF de 21/2/84, no RE 99.116-6-MT, rel. Min. Alfredo Buzaid; DJ de 16/3/84; RT 586/227.

[119] Ac. unân. da 1ª Câm. do TJSP de 20/8/85, no Agr. 60.793-1, rel. Des. Galvão Coelho; RT, 602/81.

ainda antes da redação atual dada ao dispositivo legal sob comento:

"Grandes dificuldades vêm sendo encontradas na interpretação da norma contida nesse item. Dispõe ele competir ao Ministério Público intervir em todas as causas em que há interesse público. Esse será evidenciado pela natureza da lide ou pela qualidade da parte. A regra é extremamente vaga, porque impreciso é o conceito de interesse público. Mesmo a referência a ser ele evidenciado pela natureza da lide ou pela qualidade da parte não elimina a indeterminação do texto.

A gravidade do problema resulta na norma do art. 84, que reputa nulo o processo para o qual não for intimado o Ministério Público, quando a lei considerar obrigatória a sua intervenção.

Essa sanção rigorosa não gera problema nas hipóteses dos itens I e II, porque estão bem caracterizadas neles as causas em que, por força das disposições aí contidas, deve atuar o Ministério Público.

Mas a imprecisão da norma do item III gera insegurança, porque não há critério seguro para saber quando existe o interesse público que leva à intervenção daquele órgão; pode então ocorrer a nulidade, se a existência desse interesse for reconhecida na instância superior, sem que se tivesse tido meios de evitá-la na fase inicial, em que se entendeu não existir o mencionado interesse".[120]

Pois bem, se ainda remanesce, mesmo após o advento da nova redação dada ao inciso III do art. 82 do CPC, dúvida no que diz com o exato conceito de *interesse público*, o mesmo já não se pode argumentar no que diz com as *ações que envolvam litígios coletivos pela posse da terra rural*. Assim, obrigatória a intervenção ministerial nas ações invasivas multitudinárias, é certo que

---
[120] Barbi, Celso Agrícola. Op. cit., pp. 379/380.

nesses feitos, não se poderá prescindir de que intervenha o Ministério Público.

Todavia, por mais claro que possa Ter sido o legislador, aqui também emerge certa dúvida, eminentemente conceitual. Tal prende-se à questão atinente aqueles casos nominados pelo legislador processual, como *litígios coletivos*. Certa perplexidade poderá vir a ser notada, no que respeita ao exato alcance do termo *coletivo*, que, por admitir subjetivismos, ficará a critério do próprio órgão interveniente, dizer acerca de sua configuração, ou não, observado o caso concreto.

Quanto ao mais, salutar se mostra a inovação, por qualquer ângulo que seja a mesma analisada, visto que, ocorrente a invasão coletiva, ou ainda, litígio coletivo pela posse da terra rural, obrigatória se fará a intervenção do Ministério Público, como *custos legis*, isso por força da nova redação dada ao inciso III do art. 82 do CPC, sendo que a não-observância do mandamento expresso, resultará na nulidade do processado.

X – Das invasões coletivas e julgamento antecipado da lide

Ordinariamente, a discussão relativa ao cabimento, ou não, de julgamento antecipado nas lides possessórias, tem se prestado a interessante debate no plano doutrinário-processual. Não se olvida que as ações possessórias envolvem matéria de fato, e a turbação ou esbulho dificilmente podem ser provados apenas por meio de documentos ou por perícia.

Contudo, aqui se aborda questão diversa no plano jurídico-factual. O esbulho coletivo, perpetrado via invasão de determinada área por grupo organizado, assumirá proporções de fato notório, o que, conforme já visto na presente abordagem, está a independer de quaisquer outras providências probatórias a fim de configurar a sua ocorrência. Não é demais reprisar, que aqui não se aborda aquela ação possessória clássica, onde autor e réu disputam melhor posse. Ora, se de fato notório se cuida, nada mais haverá a ser provado nos autos, pelo menos no âmbito factual, uma vez evidenciada a violência e a clandestinidade do ato levado a efeito pelos invasores.

Conforme bem apanhado por Cláudia Aparecida Simardi:

"A ação possessória ajuizada após ano e dia da consumação do ataque contra a posse segue, necessariamente, o procedimento comum ordinário. Da mesma forma, a ação possessória de rito especial, ultrapassada a fase inicial concernente à decisão sobre pedido de liminar (arts. 928-930 do CPC), deve ter seguimento pelo procedimento comum. Também as ações possessórias que contenham cumulação de pedidos não expressamente compreendidos no rol do art. 921 do CPC devem adotar o procedimento comum.

Antes do advento da Lei nº 9.245/95, no caso de ação possessória que versasse sobre coisa móvel ou semovente, o procedimento a ser adotado seria o comum sumário (art. 275, II, *a*, do CPC). Hoje, excluídas do rol das causas que podem seguir o procedimento sumário, contido no art. 275 do CPC, as ações possessórias que versem sobre móveis ou semoventes devem adotar o mesmo procedimento que as ações que versem sobre imóveis, qual seja o comum ordinário, se não se tratar de agressão de menos de ano e dia.

No procedimento comum ordinário, o réu é citado para contestar a ação, no prazo de 15 (quinze) dias, conforme art. 930 c/c art. 297, ambos do CPC. O procedimento ordinário deve observar o disposto nos arts. 297 e seguintes do CPC.

Como examinado oportunamente, o procedimento comum diferencia-se do especial, basicamente, pela oportunidade de concessão liminar (art. 928 do CPC). Todavia, com a introdução do instituto da antecipação da tutela em nosso sistema jurídico, tem-se a possibilidade de lograr medida que, em seus aspectos práticos, produz o mesmo efeito buscado pelo possuidor que solicita liminar possessória, qual seja um pronunciamento judicial para a defesa de sua posse antes do momento natural previsto para tanto.

O processo possessório, qualquer que seja o procedimento adotado, e independentemente da concessão da liminar possessória ou de tutela antecipatória, tem como ato culminante a sentença. E o conteúdo normal e esperado da sentença é a decisão sobre o mérito da causa, com que o Juiz dá aos litigantes uma resposta imperativa ao pedido formulado pelo autor, assim como à eventual defesa a este oposta".[121]

Conforme visto, no caso sob comento, vê-se o inteiro cabimento do julgamento antecipado da lide, devendo o Juiz conhecer diretamente do pedido, proferindo sentença, em qualquer das hipóteses elencadas no art. 330 do CPC, seja pela inteira desnecessidade de produzir outras provas – ante a ocorrência de fato notório –, seja ainda pela observância da revelia.

E não se diga, sob qualquer pretexto, acerca da ocorrência de cerceamento de defesa, pois:

"... o julgamento antecipado da lide não caracteriza cerceamento de defesa, se os fatos alegados estão devidamente comprovados, podendo dispensarem-se as provas em audiência".[122]

Outra não foi a lição de Adroaldo Furtado Fabrício, quando da decisão que assim enfrentou o tema em questão:

"... JULGAMENTO ANTECIPADO. Presentes nos autos elementos documentais suficientes à elucidação da matéria de fato efetivamente controvertida, nada importa que o Juiz tenha previamente consultado às partes sobre a produção de mais provas, e alguma delas a tenha requerido. A opção pela antecipação ou não do julgamento pertence exclusivamente ao Juiz, que pode saber, e só ele pode, da suficiência ou insuficiência dos dados disponíveis para o seu convencimento.

... Esta última consideração é de todo irrelevante. O Juiz, e somente ele, como destinatário da prova que é, detém, com exclusividade, o poder de optar pela antecipação do julgamento ou pela remessa do processo à dilação probatória. Seu é o convencimento a ser for-

---

[121] Simardi, Cláudia Aparecida. Op. cit., pp. 256/257.

[122] Ac. unân. 4.561 da 2ª Câm. do TJPR de 20/10/86, na Apel. 1.301/85, rel. Des. Ossian França; Paraná Judiciário, 20/67.

mado, e seu portanto há de ser também o juízo quanto à suficiência ou não dos elementos já coligidos para a consolidação desse convencimento. Por outras palavras, não é às partes que cabe aquilatar o cabimento ou descabimento da aplicação do art. 330 do CPC, mas ao Juiz. A prova em audiência faz-se não porque as partes desejem ou prefiram esta ou aquela alternativa, mas porque o Juiz ainda precisa ou não precisa mais esclarecer-se quanto à matéria de fato.

Não se afirma, é claro, um *arbítrio judicial* quanto ao tema; no exame dele, como no de qualquer outro, o julgador pode incidir em erro e na censura do juízo recursal, mas trata-se, de qualquer modo, de decisão sua e não de uma livre opção das partes.

Verdade é que alguns Juízes adotam a praxe de ouvir os litigantes sobre se concordam ou não com o julgamento antecipado; sobre se desejam ou não a produção de mais provas. Mas, conquanto não chegue a ser errônea, essa prática é de todo desnecessária e seu resultado não vincula de modo algum o magistrado. Mesmo se alguma das partes, diante da consulta, manifesta-se pela remessa do processo à audiência, continua o Juiz livre de dispensá-la, caso se convença da sua desnecessidade. A utilidade única dessa consulta seria a de tranqüilizar o julgador, antecipadamente, a salvo de dúvida, quanto à possibilidade de uma futura argüição de cerceamento de defesa. Uma demasia perfeitamente inóqua, portanto, no que diz respeito a repercussões sobre a liberdade, que o Juiz conserva, de aplicar ou não o disposto no art. 330".[123]

Ora, novamente mostra-se inteiramente exata a lição do processualista emérito inserta no aresto antes parcialmente transcrito. À evidência que ao exame do art. 330 e seus incisos do CPC, não é facultado a qual-

---

[123] Apel. Cível n. 588022400, 6ª Câmara Cível – Porto Alegre – 17/5/88. Rel. Des. Adroaldo Furtado Fabrício. v.u. – RJTJRGS, 133/355-358/359.

quer dos litigantes dizer acerca do momento exato em que a lide acha-se apta ao enfrentamento sentencial. Tal, conforme visto, constitui-se em opção exclusiva do Juiz, sempre estribado na suficiência ou insuficiência dos dados disponíveis para o seu convencimento. E tal entendimento encontrará aplicação também nas ações possessórias, notadamente, naqueles casos sob comentário, onde se estará diante de esbulho coletivo, manifesto, público e notório, eivado de violência ou clandestinidade, quando não de ambas.

Assim:

"AÇÃO POSSESSÓRIA – REINTEGRAÇÃO – ESBULHO CONFIGURADO – CERCEAMENTO DO DIREITO DE DEFESA – JULGAMENTO ANTECIPADO – Configurado esbulho possessório, tem o possuidor direito a ser reintegrado na posse (art. 523, do CC, e art. 926, do CPC). Não carreado aos autos qualquer fato concreto capaz de ensejar a realização de audiência ou produção de outras provas, deve o juiz promover o julgamento antecipado da lide (Art. 330, I, do CPC), não constituindo este fato cerceamento ao direito de defesa de qualquer das partes".[124]

E finalmente:

"REINTEGRAÇÃO DE POSSE – JULGAMENTO ANTECIPADO DA LIDE – COMPETÊNCIA – Nos termos do art. 330, I, do CPC, é facultado ao julgador, encontrando-se o processo regularmente instruído, proferir sentença, por não influir a prova oral no deslinde da causa. Em razão da diversidade do pedido, causa de pedir e das partes, não ocorre conexão, a justificar a reunião dos processos. Na forma do art. 547 do CC, constitui esbulho, sem direito de indenização pelas benfeitorias e acessões, parte que, regularmente notificada para desocupar o imóvel, recusa-se a atender o pedido".[125]

---

[124] TJDF – AC 27.781 – DF – 2ª T. – Rel. Des. Vasquez Cruxên – DJU 30.06.93.

[125] TJDF – AC 21.563 – DF – 2ª TC – Rel. Des. Valtênio Cardoso – DJU 20.05.92.

XI – Da sentença de mérito – efeitos e execução

Talvez neste capítulo, referente à sentença de mérito que põe fim ao pleito possessório multitudinário, se encontrará a maior gama de singularidades, no que diz com os efeitos e a própria execução daquele ato decisório. E não haveria de ser diferente, vez que ao se cuidar de situação não prevista pelo ordenamento jurídico material ou processual, natural, conseguinte, o surgimento de questionamentos vários, tais como aqueles relativos à composição subjetiva da relação processual e ampliação subjetiva da demanda, dentre outros, sempre levada em consideração a peculiaridade de serem multitudinárias e apresentarem múltipla circularidade de pessoas – no decorrer do pleito -, as ações possessórias sob enfoque.

Comum se apresenta, portanto, o ingresso de novos invasores no local esbulhado, notadamente após já completada a relação processual com a citação da multidão ré. Notório é a prática, consistente em convocar novos invasores para que também passem a ocupar o imóvel espoliado, isso após a composição subjetiva da relação processual, isso com o fito de subverter a marcha da demanda, causar entraves a que se possa dar pronto deslinde ao feito, sempre visando a sua permanência indevida no local esbulhado.

Tantas são as práticas adotadas por grupos invasores organizados, no curso da demanda interdital assim posta, que difícil seria a sua enumeração. Contudo, ao fim e ao cabo, tal se constitui em rematada má-fé e gritante deslealdade processual. O fim visado, à evidência, nada mais é do que a busca da eternização do feito, em claro e intolerável prejuízo ao autor esbulhado. Linhas comportamentais assim observadas, no curso do processo, deverão ser de pronto repelidas, na exata medida em que o art. 125 do CPC determina que caberá ao Juiz *dirigir o processo*, o que também pode ser entendido como gerenciamento do conflito.

"Dirigir o processo significa fiscalizar e controlar a relação processual, fazendo com que se desenvolva regular e validamente. Deve decidir quem permanece e quem sai da relação processual; quais os atos que devem ser praticados. Edita comandos de natureza cogente, que devem ser suportados pelos sujeitos do processo (partes, MP, intervenientes), bem como pelos auxiliares da justiça. O Juiz não deve ter: 'nem participação interessada ou facciosa, nem alheamento; nem hipertrofia, nem ausência' (Naves, *Impulso Proc. e Pod. do Juiz*, 220)".[126]

Do mesmo modo, o cadente conteúdo do Julgado assim vertido:

"O apanágio do Juiz é fazer Justiça. Sua função precípua é pesquisar a verdade para colimar tal objetivo; para isso a lei lhe confere poderes especiais, capazes de lhe permitir a iniciativa necessária para agilizar o processo, tomando medidas que, às vezes, podem surpreender as partes e até advogados menos avisados, no sentido de eliminar obstáculos que se anteponham ao necessário desfecho da causa. Desapareceu, de há muito, da lei adjetiva civil, a figura do Juiz parado, inerte, sossegado e afeiçoado a despachos: *como requer; à conclusão; diga a parte contrária ou aguardem os autos em*

---

[126] Nery Júnior, Nelson. op. cit., p. 433.

cartório a iniciativa da parte interessada, para só então impulsioná-los. Entre os atos de agilização e garantia de seguimento normal da marcha processual estão aqueles que autorizam o Magistrado a ordenar o arrombamento de portas, móveis e gavetas para o fiel cumprimento de mandado de penhora e ordenar a prisão em flagrante de tantos quantos resistirem à ordem legal, a de teor dos arts. 661, 662 e 663, do Digesto Processual Civil.

Assim, o Juiz deixou de ser uma máquina registradora de fatos, de pedidos e postulações antagônicas, para ser o instrumento ordenador e fiscalizador do feito, garantindo igualdade de tratamento às partes; de celeridade na solução da demanda e capaz de tomar medidas preventivas e repressoras a qualquer ato que vise evitar a prestação jurisdicional ou contrário à dignidade da Justiça".[127]

Efetivamente, em não sendo esta a postura do Magistrado na direção do processo, notadamente nos casos sob comento, onde multidões passam a integrar o pólo passivo da demanda, dispostos a subverter a ordem jurídica, a qualquer custo e sem medir conseqüências, dificilmente chegará o conflito a bom termo, sempre em prejuízo do esbulhado.

É certo que aqui não se cuida de sentença a ser proferida naquelas ações possessórias clássicas, envolvendo autor e réu, tão-somente. No caso presente, ou há o gerenciamento do conflito, com o adequado e seguro direcionamento do processo pelo Juiz, ou como já se disse, reinará o caos. Aqui já se afirmou ser esta a idéia vitoriosa do Direito, pois o parâmetro do Juiz, como não poderia deixar de ser, é a lei interpretada teleologicamente, o que não autoriza nem legitima a decisão *contra legem* e a carga de subjetivismo que a mesma carrega em seu bojo.

---

[127] Ac. unân. da 2ª Câm. do TJSC de 31/10/85, no HC 7.666, rel. Des. Ernani Ribeiro.

O exemplar Julgado que aqui se transcreve, com autoridade e maestria, bem apanhou a questão abordada, emprestando-lhe correto desate:

"MANDADO DE SEGURANÇA. INVASÃO COLETIVA DE IMÓVEL. AÇÃO DE REINTEGRAÇÃO NA POSSE. COMPOSIÇÃO SUBJETIVA DA RELAÇÃO PROCESSUAL E AMPLIAÇÃO SUBJETIVA DA DEMANDA. A múltipla circularidade de pessoas chamadas e dirigidas para fomentar a ampliação do objeto material da ação não constitui ampliação subjetiva da demanda, mas, sim, a prática de coação no curso do processo (art. 344 do CP). Em tal caso, não se pode criar uma pluralidade subjetiva de ações em ângulo, visto que a lide já está composta por litisconsórcio necessário unitário e nesta linha todos serão destinatários da decisão abrangente da relação jurídica inicialmente deduzida em juízo. *Novas aparições de posseiros não tornam a ação enfermiça, que não há preceito que ordene a continuidade infinita das citações, após a coisa e a própria relação jurídica se haverem tornado litigiosas pela citação válida, sendo, aqueles, caudatários dos réus em litígios já citados.* Ordem denegada".[128]

É do Voto unânime:

"O Magistrado, como autoridade judicial, não limita a execução para o cumprimento de mandado reintegratório. E, não sendo, os impetrantes, partes no processo, ao Juiz não é lícito corrigir a composição subjetiva da relação processual sem a colaboração do autor (Julgados do TARGS, 28/173), razão porque impetram mandado de reintegração de posse, *sic et in quantum* não providenciar o autor em aditar a inicial e justificar, com a presença dos suplicantes, que o esbulho por estes acaso praticado data de menos de ano e dia".

---
[128] Mandado de Segurança n. 187022264 – 3ª Câmara Cível – v.u. – 10/04/84. Rel. Juiz Clarindo Favretto, TARGS, 66/173-177.

Adiante:

"Mas os impetrantes asseveram que são estranhos à lide reintegratória e, porque o Dr. Juiz de Direito dilatou, por despacho nos autos, o prazo da execução liminar que concedera, como que condicionando o ato inquinado de lesivo, tenho por razoável adotar como termo inicial do prazo o dia 21.1.84, último concedido pelo Juiz.

Nesta linha a impetração não é extemporânea. A rigor, também, incabível seria o uso do mandado de segurança, como sucedâneo do recurso cabível, no caso o agravo de instrumento (art. 5º da Lei nº 1.533/51).

Mas para a devida satisfação social, não se furta, a Câmara, de lhe examinar também o mérito.

Quanto importa ao mesmo, infere-se que setenta e três impetrantes outorgaram mandato aos advogados e, nas procuraturas, apenas vinte e seis se qualificaram. A começar, pois, não há satisfatoriamente identidade da quase totalidade das partes, para ensejar exame em torno à legitimidade e regularidade da postulação, em face do direito que invocam.

Haja vista, no entanto, que aduzem não serem partes no processo possessório e portanto não poderem sofrer as conseqüências de sua decisão, quando se constata não ser verdadeiro o fundamento, ou, pelo menos, parcial.

A um simples correr de vista, outorgantes qualificados nas procuraturas, constata-se integrarem a lide possessória, com citação realizada, salientando-se, como exemplo, M.A.N., C.A.M. e M.N.

A cópia do mandado citatório de fl. 66 retrata a situação criada e as citações feitas; no seu final, os Oficiais de Justiça certificaram terem encontrado mais umas cinqüenta pessoas, que, ao serem citadas e intimadas, se mantiveram caladas, sem se identificarem.

Enquanto isso, grupos de pessoas percorriam o local conflitado e conclamavam os presentes a não se identificarem e a recusarem a contrafé do mandado; outros rasgavam as cópias e alguns tentaram provocações.

Daí se constata a má conduta processual e pessoal dos réus e que podem ser os mesmos autores do presente mandado de segurança, salvo escassa minoria, já que não se identificaram lá e nem aqui, pois que a duplicidade, por amostra, já foi constatada.

Os atos constitutivos do ilícito denunciado, consistentes na violação do direito de posse e propriedade, são continuados e, como tais, permanentes e deles participaram aqueles que os começavam e assim todos aqueles que, de qualquer forma, posteriormente aderiram como fâmulos dos primeiros.

Tal fenômeno social é moderno, mas não surpreende a ordem jurídica e nem com ela se compraz, para ser definido como ampliação subjetiva da demanda, eis que, na verdade, constitui preposição nos atos.

A obra é só uma, começada por uns e ajudada por outros e estes outros terão os efeitos da sentença que for proferida em relação aos chamados processualmente, eis que meros caudatários dos primeiros.

A múltipla circularidade de pessoas chamadas e dirigidas para fomentar a ampliação do objeto material da ação não constitui ampliação subjetiva da demanda, mas, sim, a prática de coação no curso do prédio judicial, *como prevista no art. 344 do Código Penal. A atividade do Juízo, nesta parte, é aviso, é notificação, intimação, enfim, ciência de que está correndo demanda e que todos quantos se compreendam na área disputada poderão sofrer os efeitos da decisão.*

Esta é a previsão contida em nosso direito, como conseqüência subsidiária, analogicamente vista nos arts. 1.202 e 1.203 do CC. Na ordem processual, igualmente se compraz a hipótese tirada do parágrafo único do art. 35 da Lei nº 6.649, de 16.5.79, que manda dar ciência aos sublocatários depois de citado o locatório.

De forma alguma, portanto, se pode, no caso, criar uma pluralidade subjetiva de ações em ângulo, isto porque a lide está composta por litisconsórcio necessário e nesta linha todos serão destinatários da decisão que for proferida e abrangente da relação jurídica deduzida em Juízo, contra os quais foi pedida a tutela respectiva.

Devemos ter, portanto, litisconsortes e podemos ter assistentes. Mas o processo deve ser considerado do ponto de vista do início do processo e por necessidade de expansão, porque os terceiros que se infiltraram posteriormente no imóvel criaram uma relação fática e ficam na espera de escaparem à eficácia de algum título executivo (decisão), ou, da vitória das partes formalmente relacionadas pela citação processual. A coisa e a própria relação jurídica já se haviam tornado litigiosas pela citação, não sendo lícito a terceiros virem interferir nessa relação já composta para degenerá-la, com o propósito de inviabilizarem a finalidade da ação pela neutralização do comando judicial.

Mas a situação contingente, criada após o processo, não importa em cumulação subjetiva, pois significa interferência proibida no processo em curso, que pode derivar em *falta prevista nos arts. 344 e 347 do Código Penal*.

Sobretudo impende referir que o autor da ação reintegratória de posse iniciou pela esfera policial, requerendo instauração do competente inquérito, preparatório de ação penal.

Só por aí é suficiente perceber que os atos denunciados constituem crime em tese (art. 161 do CP) e o processo civil tem como causa que o gerou a prática de esbulho possessório.

Logo, pois, os atos praticados pelos impetrantes, enquadrados como esbulhativos pelo autor, não podem gerar quaisquer efeitos. A tentativa que fazem os impetrantes é prática processual de ato jurídico coletivo criativo e visa a criar a impraticabilidade dos atos processuais de normalidade, impedindo, realmente, a prestação jurisdicional, que nunca chegará, eis que o processo não conseguirá evoluir além de sua fase inicial de composição da relação processual. *Este não é direito que merece ser protegido por mandado de segurança.*

Primeiro, porque o ato judicial atacado não ameaçou de corrigir a composição subjetiva da relação processual e nem ampliou subjetivamente a lide; em segundo lugar, porque os impetrantes não se identificaram à autoridade judiciária e nem cruzaram essa identificação para este processo, a fim de mostrarem prova de serem estranhos à lide possessória, pela qual se sentiram ameaçados.

O ato jurídico coletivo é sempre unitário e pode ser criativo de direitos ou pode constituir ato ilícito. Em qualquer caso, não pode ser mantida a circularidade infinita de posseiros, como método eficaz para impedir a composição da lide, a qualificação e identificação das partes, mormente após a relação jurídica estar deduzida em Juízo.

O comparecimento gradativo e interminável de pessoas, fixando-se no imóvel, objeto sobre o qual versa o litígio, não pode criar perplexidade jurídica de manter infindáveis procedimentos citatórios, cuja prática só poderia ser definida como *denegação de justiça,* por se admitir o tropeço que embaraça a prestação jurisdicional solicitada.

Todos quantos se integrem à liça, depois de composta a ação, devem ser tidos como caudatários das partes em litígio, salvo quando for provado em contrário, cujo ônus lhes comete (art. 333 do CPC).

Noutro passo, conforme se depreende das informações prestadas pelo digno Juiz apontado como coator, causa perplexidade a obstinada resistência oposta ao cumprimento da decisão judicial, circunstância que representa manifesta contradição com os seculares procedimentos anteriores do nosso povo, que sempre devotou irrestrito acatamento.

Explica-se, no entanto, esse comportamento avesso pela orientação e notória influência de pessoas com objetivos escusos, mesquinhos e inconfessáveis, embora se anote que tal comportamento constitui grave precedente".[129]

Ora, a notável lucidez do Julgado antes transcrito não passa despercebida a qualquer operador do Direito compromissado com o verdadeiro ideal de Justiça. É claro no sentido de que a decisão final abarcará a todos os ocupantes do imóvel esbulhado, de nada tendo valia as seguidas tentativas de tumultuar e eternizar o processo em seu favor. Tem-se que houve, e sempre haverá, em situações análogas, pelo menos em tese, crime de coação no curso do processo, consistente em delito perpetrado contra a Administração da Justiça.

Daí em muito diferenciar-se o gerenciamento dos conflitos coletivos. No trato da clássica ação possessória, dificuldades maiores não seriam encontradas para o enfrentamento sentencial e sua execução. O magistério de Adroaldo Furtado Fabrício, no particular, ao tratar das ações possessórias clássicas é no sentido de que:

"A sentença que se profere em ação possessória ou representa ato único de cognição de mérito, segundo o modelo comum, ou complementa a cognição limitada que já se exercera no deferimento da medida liminar, se tal for o caso, confirmando-a ou revogando-a.

Essa sentença é, como todas, apelável, e costuma-se suscitar a questão de ter ou não efeito suspensivo o recurso. A regra é que o tenham as apelações, com as exceções do art. 520, entre as quais não está mencionada a ação possessória, qualquer que seja o conteúdo da sentença nela proferida e independentemente de ter havido ou não concessão prévia de manutenção ou reintegração.

---
[129] TARGS, idem, pp. 174/177.

O cuidado que se há de ter é apenas o de não confundir-se *suspensão da eficácia da sentença* (efeito do recurso) com *suspensão da eficácia do mandado* que tenha sido liminarmente expedido. Se houve manutenção ou reintegração liminar, ela perdura após a sentença de improcedência, enquanto sujeita a recurso, exatamente porque a eficácia desta, *inclusive quanto a revogação da liminar*, fica suspensa até o julgamento do apelo".[130]

Como exemplo, de ser notada a complexidade observada nos Julgados que se ocuparam de ditas invasões coletivas, como é bem de ver:

"POSSESSÓRIA. REINTEGRAÇÃO. DIREITO. CONCEITO DE LÓGICA JURÍDICA. LEI INJUSTA. INTERPRETAÇÃO. PROPRIEDADE. FUNÇÃO SOCIAL. CONSTITUIÇÃO FEDERAL.

... Compreensão da maioria no sentido de que a eficácia da sentença proferida no interdito de reintegração é *erga omnes*, de que não é dado ao Juiz deixar de cumprir a lei, quando dela é que vem sua autoridade, e de que o Judiciário não tem, no Direito Positivo brasileiro, instrumental para solução de conflito social decorrente da ausência de moradias populares".[131]

Em situação idêntica, assim restou decidido:

"ESBULHO POSSESSÓRIO POR INVASÃO COLETIVA DE IMÓVEL. A composição da demanda não se altera por vontade unilateral de uma só das partes, nem para fazer a ampliação, nem para se fazer a diminuição subjetiva da mesma. Não se verificando a ilegitimidade passiva das partes, para a causa, nela são mantidas tal como figuram na composição subjetiva inicial da ação".

É do Voto unânime:

---

[130] Fabrício, Adroaldo Furtado. Op. cit., pp. 567/568.

[131] Ap. Cív. n. 188078851 – 3ª Câmara Cível – 14/12/88 – Rel. Juiz Sérgio Gischkow Pereira – TARGS, 69/282.

"... O recurso critica a decisão proferida, mas nada de objetivo postula. Todavia, há que se louvar a dignidade e a compreensão com que se houve ilustre Magistrado que presidiu a causa. Começa que o réu L.R.S., a partir de fl. 55, se intitula 'Presidente da Associação da Vila', sem demonstrar a existência dessa entidade e sem mostrar sua qualidade, e passou a requerer direito de outrem em nome próprio e direito próprio em nome de outrem. Chegou a pedir que o Órgão do MP fosse ouvido para opinar sobre o destino a ser dado às 220 crianças da vila, cuja resposta obteve, com absoluta precisão, a partir de fl. 66. Essa mesma indagação – o destino de 135 famílias e 220 crianças – fora reiteradamente feita ao MM. Juízo, ao passo de se conduzirem, os réus, com lealdade e objetividade, na prática dos atos processuais. Em todo caso, a indagação deveria ter sido feita à ré C.C. e demais ativistas, responsáveis pelo problema social deliberadamente criado".[132]

No concernente à execução do julgado, levando-se em conta tratar a presente abordagem, tão-somente das invasões coletivas, parte-se do pressuposto de já ter sido deferida, em favor do autor, e *inaudita altera pars*, a liminar postulada. Assim, conforme também já visto, o efeito da sentença de mérito proferida será, extreme de dúvidas, *erga omnes*, o que vale afirmar, terá efeito de largo expectro, abarcando a totalidade dos invasores, quer tenham sido citados inicialmente e ofertado regular resposta quer sejam os demandados revéis, ou ainda, qualquer outra pessoa que tenha passado a ocupar o imóvel após a angularização do processo.

Em assim sendo, o comando sentencial terá eficácia, desde pronto, contra todo invasor que esteja ocupando o imóvel após o trânsito em julgado da decisão.

---

[132] Apelação Cível n. 184058386 – 2ª Câmara Cível – 12/03/85 – Rel. Juiz Clarindo Favretto, v.u. – TARGS – 68/204-206.

Ora, nos termos do art. 507 do Código Civil, a demanda possessória (singular ou coletiva), será acolhida em favor de quem, indubitavelmente, demonstrar melhor posse. Então, por forçoso, prevalecerá a ordem da sentença, que estendeu seu efeito executivo a quaisquer outros ocupantes da área, citados ou não. Os precedentes jurisprudenciais são remansosos no particular, conforme aqui já analisado anteriormente.

Com inteira proficiência, assim se posiciona Cláudia Aparecida Simardi:

"Nada obstante, em matéria de fixação do conteúdo da sentença nas ações possessórias, têm entendido doutrina e jurisprudência pátrias que é o mesmo executório por si só, realizando-se mediante simples expedição de mandado de manutenção ou de reintegração, razão pela qual tal sentença prescinde de instância executória.

Abraçando tal orientação, assevera Humberto Theodoro Júnior, que a força processual das sentenças prolatadas nas ações possessórias é executiva, pois o objetivo preponderante é manter ou alterar o mundo material em que se originou a lide. Essa posição encontra respaldo no ensinamento de Ovídio A Baptista da Silva, segundo o qual, 'quando se diz que determinada ação é executiva, o que está a afirmar é que ela prescinde de ação executória autônoma subseqüente. E essa virtualidade nada tem a ver com a forma procedimental porventura obedecida pela ação'.

Com efeito, nas ações possessórias, finda a atividade cognoscitiva do juiz, é prolatada a sentença de mérito que não contém propriamente uma condenação imposta à parte adversa para entrega ou manutenção da posse ao vencedor da demanda. O pronunciamento judicial nas ações possessórias consiste em comando (a ser efetivado por oficial de justiça) para que seja expulso o agressor da posse, ou para que seja mantida a situação possessória do vencedor. Tal ordem é efetivada através do mandado de reintegração, manutenção, ou proibitório, que é expedido subseqüentemente ao trânsito em julgado da sentença de mérito favorável. Não se dá início a outro processo (de execução) para incidência da ordem judicial no mundo dos fatos.

Tanto assim que não impõe o sistema jurídico a citação do agressor da posse, haja vista que tal ato somente se faria necessário e útil se o vencido tivesse de cumprir qualquer tipo de obrigação. Atesta João Batista Monteiro, no que diz respeito à ação de reintegração de posse, em específico, que 'o mandado é, desde logo, para que o oficial de justiça se desloque ao local onde a coisa se encontra e, expulsando o vencido, coloque o vencedor na situação fática em que, antes do esbulho, se encontrava'.

Ocorre, nas ações possessórias, uma primeira atividade jurisdicional de caráter eminentemente cognitivo, dirigida à determinação do direito ao caso em tela. Em seqüência, prolatada sentença de mérito favorável à defesa da posse de um dos litigantes, não se faz necessária nova ação (de execução), pois é decorrência imediata a expedição do competente mandado, a fim de manter ou recompor o *statu quo ante*, efetivando-se, assim, materialmente, a ordem emanada pelo pronunciamento jurisdicional.

Nesse sentido, não há processo de execução autônomo para realização das sentenças proferidas no âmbito das ações possessórias. E nem se pode pretender incluir a atividade executória da imediata expedição do mandado a nenhum dos procedimentos previstos para a execução de entrega de coisa certa ou incerta, para execução de obrigação de fazer, ou menos ainda, para a execução por quantia certa.

Importante observar que tais considerações somente dizem respeito ao provimento defensor da posse propriamente considerado, e não à procedência do pedido de condenações, pagamento de indenização, pedido de desfazimento de construção ou plantação etc.

Concordamos, assim, com as assertivas de Pontes de Miranda, que entendemos melhor transcrevê-las na íntegra: 'Na ação de manutenção há forte elemento declarativo, mas o elemento executivo é ínfimo: mantém-se, apenas; não se procede a qualquer expropriação, em *lato sensu* não se invade a esfera jurídica do terceiro. Na ação de reintegração, o elemento condenatório cresce, o de execução passa à frente do declaratório e do próprio elemento mandamental. A sentença que reintegra *executa*. O mandamento é, aí, meio ou instrumento da execução. De modo que, classificadas as ações pela preponderância da eficácia, como devem ser, as ações de manutenção são *mandamentais;* e as de reintegração, *executiva*'.[133] No mesmo sentido, tira-se do elevado magistério de Ovídio A. Baptista da Silva, a lúcida afirmação: "É óbvio que o demandado, vencido na ação possessória de manutenção, ou na de esbulho – sejam elas especiais ou ordinárias – sofrerá execução *per officium iudicis*, ...".[134]

Outro não tem sido, de ordinário, o entendimento de nossos Pretórios no particular. Como se pode ver, a execução do julgado possessório dá-se desde logo, via cumprimento de mandado, prescindindo, conseguinte, de qualquer outro procedimento executivo. Assim:

"Não havendo benfeitorias indenizáveis, a execução da sentença faz-se de plano, reintegrando-se os vencedores na posse do imóvel, mediante mandado, não comportando embargos".[135]

E mais:

---

[133] Simardi, Cláudia Aparecida. Op. cit., pp. 264/267.
[134] Silva, Ovídio A Baptista da. Op. cit., p. 278.
[135] Ac. unânim. Da T. Cív. do TJMS de 24.6.85, no agr. 900/85, rel. Des. José Nunes da Cunha.

"São incabíveis embargos à execução quando se cogita de cumprir mandado reintegratório, expedido por força de sentença que julgou procedente ação de reintegração na posse".[136]

Especificamente, no sentido da desnecessidade de processo executivo outro, notadamente execução para entrega de coisa certa, transcreve-se:

"Em pleito possessório, a execução de sentença se faz de plano e não na forma prevista para a entrega de coisa certa".[137]

---

[136] Ac. unâm. 8ª Cam. do 1º TARJ, no Agr. 26.138, rel. Juiz Amyntor Villela Vergara; Adcoas, 1985, n. 102.605.

[137] Ac. unânim. Da 1ª Câm. do TJSC, de 28.4.89, no MS 2.188, rel. Des. Protásio Leal; Jurispr. Cat. 64/92.

Conclusão

O tema sob enfoque, por sua indiscutível relevância social, atualidade e capacidade de gerar novas realidades no mundo jurídico, em muito está a recomendar - e também reclamar -, pronto enfrentamento à sua exata delimitação.

Nos dias atuais, as invasões coletivas, urbanas ou rurais, perpetradas por grupos organizados, não mais se mostram como movimentos isolados, capazes de gerar perplexidade a qualquer operador do direito compromissado com seu tempo e sua época.

Ainda que se reconheça total silêncio do legislador, tanto material quanto processual acerca do tema, nossos Pretórios, de há muito, vêm emprestando adequado desate jurisdicional às questões assim postas, sem demitirem-se, em momento algum, de sua responsabilidade, essa consistente no abrandamento dos conflitos sociais que ordinariamente se agregam aos movimentos multitudinários.

A Lei nº 4.504, de 30 de novembro de 1964, também denominada de "Estatuto da Terra", em vigor há bem mais de três décadas, em nada modificou a situação fundiária observada no país, isso na exata medida em que não executou a pretendida reforma agrária ou serviu para bem promover a política agrícola nacional.

Ao fim e ao cabo, ordinariamente, vem tocando ao Poder Judiciário, a solução de conflitos sociais de competência única e exclusiva de outros Poderes da República. Todavia, conforme salienta Humberto Theodoro Júnior:

"... os Tribunais brasileiros não têm se recusado a cumprir a tarefa que lhes toca na tutela jurisdicional do direito de propriedade e na preservação do império da lei, da ordem pública e da segurança do convívio social. Evidentemente que ninguém pode deixar de lamentar a grave situação social reinante no país. Mas, sua reversão não pode ser feita com o sacrífico da ordem jurídica, cuja proteção cabe ao Judiciário".[138]

Algumas conclusões podem ser destacadas:
1) Se qualquer decisão judicial, notadamente onde uma coletividade se vê prestes a ser destituída de terra e teto, deve ser norteada pela sensibilidade social do julgador, menos verdadeiro não é, ser o direito à propriedade constitucionalmente tutelado, sendo assegurado a qualquer cidadão que o mesmo não será privado de seus bens sem o devido processo legal.

2) Não se pode tolerar, com a invocação ao problema social e ao alegado direito subjetivo de acesso à terra, que imóveis sejam ocupados, violando-se assim regras que tutelam o direito de propriedade e o direito de posse, com a intenção deliberada de pressionar a solução da questão da reforma agrária. Ele deve, na verdade, ser de pronto solucionado, mas nunca desta maneira.

3) Não colhe alegar-se lacuna, se a norma se mostra plena. Nem colhe remeter-se à interpretação do claro, do meridiano, do definido, do legalmente gizado, para obviar-se uma dolorosa situação que pode e deve encontrar solução por ato da Administração (função executiva da soberania estatal). O Judiciário, na busca da justiça, completará a lei lacunosa, lapidará as arestas injustas da lei, emprestar-lhe-á uma valoração que fuja à simples e mera redação, mas não pode negá-la.

---
[138] Theodoro Júnior, Humberto. Op. cit., p. 10.

4) Se a inicial vem acompanhada de prova documental idônea quanto à posse, e sendo notória a invasão da área, deve ser deferida a liminar de reintegração sem a realização de prévia audiência de justificação.

5) A concessão de prazo, pelo juiz, para a execução da liminar possessória, visando à desocupação voluntária de área invadida, não desfigura o regular processamento da demanda interdital.

6) Tem cabimento o deferimento da antecipação da tutela na ação possessória de força velha, pois esta deve ser tratada como qualquer outra ação ordinária, em que se admite, desde que presentes os requisitos legais, a antecipação baseada na evidência, conforme dispõe o art. 273 do C.P.C.

7) Em vista da total dispensabilidade da audiência de justificação prévia, em se cuidando de invasões coletivas, tem-se que, concedida a liminar *initio litis*, a citação dos invasores provoca a incidência do disposto no inciso I, do art. 231 do C.P.C., devendo ser expedido o competente edital citatório.

8) A exclusão é fato social, econômico e político, mas não jurídico, motivo por que não excepcionam o excluído da igualdade de todos perante a lei. O fenômeno econômico e social da exclusão não dá ao excluído o direito de exercer arbitrariamente suas próprias razões, nem de invadir ou desapossar. No Estado de Direito, ninguém esta acima da lei.

9) Para a caracterização e conservação da posse não é necessária a prática de atos materiais sobre a coisa, bastando que o possuidor continue na disponibilidade da mesma.

10) A eficácia da sentença proferida no interdito de reintegração é *erga omnes*, motivo pelo qual não é dado ao juiz deixar de cumprir a lei, quando dela é que vem sua autoridade, e de que o Judiciário não tem, no direito positivo brasileiro, instrumental para a solução de

conflito social decorrente da ausência de moradias populares.

11) Não comete infração penal, sequer em tese, a vítima de ameaça ou esbulho de sua posse que, sem exceder o indispensável à manutenção ou restituição, a recupera por sua própria força e autoridade.

12) Deferir-se em favor de quem não tem direito para posse de um imóvel, para obviar-se uma crise social, e porque não é moralmente justo, é praticar-se o confisco através da jurisdição.

13) O parâmetro mais consentâneo, conseguinte, é a lei aplicada teleologicamente. O mais, no plano possessório, é praticar confisco pelo poder judiciante, o que aberra ao direito e à justiça, constituindo-se em prática inteiramente incompatível com os princípios pétreos do Estado Democrático de Direito.

14) É livre, por parte do proprietário, a opção entre o petitório e o possessório, a serem adotados como remédios processuais contra ato de hostilidade à posse, pois também a ação reivindicatória bem se presta à recuperação da coisa.

15) Verificado que o imóvel rural é produtivo, torna-se ele insuscetível de desapropriação-sanção para os fins de reforma agrária.

16) Na questão atinente aos movimentos invasivos organizados, perpetradores de esbulhos e danos a imóveis, inclusive àqueles rurais comprovadamente produtivos, o que se constitui em procedimento inadmissível, poderá o proprietário valer-se do pleito petitório contando com o deferimento da tutela jurisdicional antecipada, desde que satisfeitos os pressupostos exigidos pela lei processual.

17) É obrigatória a intervenção do Ministério Público, sob pena de nulidade, nos litígios coletivos pela posse da terra rural.

18) Não carreado aos autos qualquer fato concreto capaz de ensejar a realização de audiência ou produção

de outras provas, deve o juiz promover o julgamento antecipado da lide, não constituindo esse fato cerceamento ao direito de defesa.

19) Novas aparições de posseiros, no curso da ação, não maculam o processo, que não há preceito que ordene a continuidade infinita das citações, após a coisa e a própria relação jurídica se haverem tornado litigiosas pela citação válida, sendo aqueles, caudatários dos réus em litígio, já citados.

20) A múltipla circularidade de pessoas chamadas e dirigidas para fomentar a ampliação do objeto material da ação não constitui ampliação subjetiva da demanda, mas, sim, prática de coação no curso do processo, como prevista no art. 344 do Código Penal.

21) De forma alguma se pode criar uma pluralidade subjetiva de ações em ângulo, isto porque a lide é composta por litisconsórcio necessário e nesta linha todos serão destinatários da decisão que for proferida.

22) O comparecimento gradativo e interminável de pessoas, fixando-se no imóvel, objeto sobre o qual versa o litígio, não pode criar perplexidade jurídica de manter infindáveis procedimentos citatórios, cuja prática só poderia ser definida com denegação de justiça, por se admitir o tropeço que embaraça a prestação jurisdicional solicitada.

23) O comando sentencial terá eficácia desde pronto, contra todo invasor que esteja ocupando o imóvel após o trânsito em julgado da decisão. Nos termos do art. 507 do C.C., a demanda possessória será acolhida em favor de quem demonstrar melhor posse. Assim, prevalecerá a ordem da sentença que estendeu seu efeito executivo a quaisquer outros ocupantes da área, citados ou não.

24) A execução do julgado possessório dá-se desde logo, via cumprimento de mandado, prescindindo, conseguinte, de qualquer outro procedimento executivo.

Legislação

LEI nº 8.629 – de 25 de fevereiro de 1993

Dispõe sobre a regulamentação dos dispositivos constitucionais relativos à reforma agrária, previstos no Capítulo III, Título VII, da Constituição Federal.

O Presidente da República.
Faço saber que o Congresso Nacional decreta e eu sanciono a seguinte Lei:

Art. 1º - Esta Lei regulamenta e disciplina disposições relativas à reforma agrária, previstas no Capítulo III, Título VII, da Constituição Federal.

Art. 2º - A propriedade rural que não cumprir a função social prevista no artigo 9º é passível de desapropriação, nos termos desta Lei, respeitados os dispositivos constitucionais.

§ 1º - Compete à União desapropriar por interesse social, para fins de reforma agrária, o imóvel rural que não esteja cumprindo sua função social.

§ 2º - Para fins deste artigo, fica a União, através do órgão federal competente, autorizada a ingressar no imóvel de propriedade particular, para levantamento de dados e informações, com prévia notificação.

Art. 3º - (Vetado).
§ 1º - (Vetado).
§ 2º - (Vetado).

Art. 4º - Para os efeitos desta Lei, conceituam-se:

I - Imóvel Rural - o prédio rústico de área contínua, qualquer que seja a sua localização, que se destine à exploração agrícola, pecuária, extrativa vegetal, florestal ou agroindustrial;

II - Pequena Propriedade - o imóvel rural:

a) de área compreendida entre 1(um) e 4 (quatro) módulos fiscais;
b) (Vetado);
c) (Vetado).
III - Média Propriedade - o imóvel rural:
a) de área superior a 4 (quatro) e até 15 (quinze) módulos fiscais;
b) (Vetado).
Parágrafo único - São insuscetíveis de desapropriação para fins de reforma agrária a pequena e a média propriedade rural, desde que o seu proprietário não possua outra propriedade rural.
Art. 5º - A desapropriação por interesse social, aplicável ao imóvel rural que não cumpra sua função social, importa prévia e justa indenização em títulos da dívida agrária.
§ 1º - As benfeitorias úteis e necesssárias serão indenizadas em dinheiro.
§ 2º - O decreto que declarar o imóvel como de interesse social, para fins de reforma agrária, autoriza a União a propor ação de desapropriação.
§ 3º - Os títulos da dívida agrária, que conterão cláusula assecuratória de preservação de seu valor real, serão resgatáveis a partir do segundo ano de sua emissão, em percentual proporcional ao prazo, observados os seguintes critérios:
I - do segundo ao quinto ano, quando emitidos para indenização de imóveis com área inferior a 40 (quarenta) módulos fiscais;
II - do segundo ao décimo ano, quando emitidos para indenização de imóvel com área acima de 40 (quarenta) até 70 (setenta) módulos fiscais;
III - do segundo ao décimo quinto ano, quando emitidos para indenização de imóvel com área acima de 70 (setenta) até 150 (cento e cinqüenta) módulos fiscais;
IV - do segundo ao vigésimo ano, quando emitidos para indenização de imóvel com área superior a 150 (cento e cinqüenta) módulos fiscais.
Art. 6º - Considera-se propriedade produtiva aquela que, explorada econômica e racionalmente, atinge, simultaneamente, graus de utilização da terra e de eficiência na exploração, segundo índices fixados pelo órgão federal competente.
§ 1º - O grau de utilização da terra, para efeito do *caput* deste artigo, deverá ser igual ou superior a 80% (oitenta por cento), calculado pela relação percentual entre a área efetivamente utilizada e a área aproveitável total do imóvel.
§ 2º - O grau de eficiência na exploração da terra deverá ser igual, ou superior a 100% (cem por cento), e será obtido de acordo com a seguinte sistemática:

I - para os produtos vegetais, divide-se a quantidade colhida de cada produto pelos respectivos índices de rendimento estabelecidos pelo órgão competente do Poder Executivo, para cada Microrregião Homogênea;

II - para a exploração pecuária, divide-se o número total de Unidades Animais - UA do rebanho, pelo índice de lotação estabelecido pelo órgão competente do Poder Executivo, para cada Microrregião Homogênea;

III - a soma dos resultados obtidos na forma dos incisos I e II deste artigo, dividida pela área efetivamente utilizada e multiplicada por 100 (cem), determina o grau de eficiência na exploração.

§ 3º - Consideram-se efetivamente utilizadas:
I - as áreas plantadas com produtos vegetais;
II - as áreas de pastagens nativas e plantadas, observados os índices de lotação por zona de pecuária, fixado pelo Poder Executivo;
III - as áreas de exploração extrativa vegetal ou florestal, observados os índices de rendimento estabelecidos pelo órgão competente do Poder Executivo, para cada Microrregião Homogênea, e a legislação ambiental;
IV - as áreas de exploração de florestas nativas, de acordo com o plano de exploração e nas condições estabelecidas pelo órgão federal competente;
V - as áreas sob processos técnicos de formação ou recuperação de pastagens ou de culturas permanentes.

§ 4º - No caso de consórcio ou intercalação de culturas, considera-se efetivamente utilizada a área total do consórcio ou intercalação.

§ 5º - No caso de mais de um cultivo no ano, com um mais produtos, no mesmo espaço, considera-se efetivamente utilizada a maior área usada no ano considerado.

§ 6º - Para os produtos que não tenham índices de rendimentos fixados, adotar-se-á área utilizada com esses produtos, com resultado do cálculo previsto no inciso I do § 2º deste artigo.

§ 7º - Não perderá a qualificação de propriedade produtiva o imóvel que, por razões de força maior, caso fortuito ou de renovação de pastagens tecnicamente conduzida, devidamente comprovados pelo órgão competente, deixar de apresentar, no ano respectivo, os graus de eficiência na exploração, exigidos para a espécie.

§ 8º - São garantidos os incentivos fiscais referentes ao Imposto Territorial Rural relacionados com os graus de utilização e de eficiência na exploração, conforme o disposto no artigo 49 da Lei n. 4.504, de 30 de novembro de 1964.

Art. 7º - Não será passível de desapropriação, para fins de reforma agrária, o imóvel que comprove estar sendo objeto de implantação de projeto técnico que atenda aos seguintes requisitos:

I - seja elaborado por profissional legalmente habilitado e identificado;

II - esteja cumprindo o cronograma físico-financeiro originalmente previsto, não admitidas prorrogações dos prazos;

III - preveja que, no mínimo, 80% (oitenta por cento) da área total aproveitável do imóvel esteja efetivamente utilizada em, no máximo, 3 (três) anos para as culturas anuais e 5 (cinco) anos para as culturas permanentes;

IV - haja sido registrado no órgão competente no mínimo 6 (seis) meses antes do decreto declaratório de interesse social.

Parágrafo único - Os prazos previstos no inciso III deste artigo poderão ser prorrogados em até 50% (cinqüenta por cento), desde que o projeto receba, anualmente, a aprovação do órgão competente para fiscalização e tenha sua implantação iniciada no prazo de 6 (seis meses), contado de sua aprovação.

Art. 8º - Ter-se-á como racional e adequado o aproveitamento de imóvel rural, quando esteja oficialmente destinado à execução de atividade de pesquisa e experimentação que objetivem o avanço tecnológico da agricultura.

Parágrafo único - Para os fins deste artigo só serão consideradas as propriedades que tenham destinados às atividades de pesquisa, no mínimo, 80% (oitenta por cento) da área total aproveitável do imóvel, sendo consubstanciadas tais atividades em projeto:

I - adotado pelo Poder Público se pertencente a entidade de administração direta ou indireta, ou a empresa sob seu controle;

II - aprovado pelo Poder Público, se particular o imóvel;

Art. 9º - A função social é cumprida quando da propriedade rural atende, simultaneamente, segundo graus e critérios estabelecidos nesta lei, os seguintes requisitos:

I - aproveitamento racional e adequado;

II - utilização adequada dos recursos naturais disponíveis e preservação do meio ambiente;

III - observância das disposições que regulam as relações de trabalho;

IV - exploração que favoreça o bem-estar dos proprietários e dos trabalhadores.

§ 1º - Considera-se racional e adequado o aproveitamento que atinja os graus de utilização da terra e de eficiência na exploração especificados nos §§ 1º a 7º do artigo 6º desta Lei.

§ 2º - Considera-se adequada a utilização dos recursos naturais disponíveis quando a exploração se faz respeitando a vocação natural da terra, de modo a manter o potencial produtivo da propriedade.

§ 3º - Considera-se preservação do meio ambiente a manutenção das características próprias do meio natural e da qualidade dos recursos ambientais na medida adequada à manutenção do equilíbrio ecológico da propriedade e da saúde e qualidade de vida das comunidades vizinhas.

§ 4º - A observância das disposições que regulam as relações de trabalho implica tanto o respeito às leis trabalhistas e aos contratos coletivos de trabalho, como às disposições que disciplinam os contratos de arrendamento e parceria rurais.

§ 5º - A exploração que favorece o bem-estar dos proprietários e trabalhadores rurais é a que objetiva o atendimento das necessidades básicas dos que trabalham a terra, observa as normas de segurança do trabalho e não provoca conflitos e tensões sociais no imóvel.

§ 6º - (Vetado).

Art. 10 - Para efeito do que dispõe esta Lei, consideram-se não aproveitáveis:

I - as áreas ocupadas por construções e instalações, executadas aquelas destinadas a fins produtivos, como estufas, viveiros, sementeiros, tanques de reprodução e criação de peixes e outros semelhantes;

II - as áreas comprovadamente imprestáveis para qualquer tipo de exploração agrícola, pecuária, florestal ou extrativa vegetal;

III - as áreas sob efetiva exploração mineral;

IV - as áreas de efetiva preservação permanente e demais áreas protegidas por legislação relativa à conservação dos recursos naturais e à preservação do meio ambiente.

Art. 11 - Os parâmetros, índices e indicadores que informam o conceito de produtividade serão ajustados, periodicamente, de modo a levar em conta o progresso científico e tecnológico da agricultura e o desenvolvimento regional, pelo Ministério da Agricultura e Reforma Agrária ouvido o Conselho Nacional de Política Agrícola.

Art. 12 - Considera-se justa a indenização que permita ao desapropriado a reposição, em seu patrimônio, do valor do bem que perdeu por interesse social.

§ 1º - A identificação do valor do bem a ser indenizado será feita, preferencialmente, com base nas seguintes referências técnicas e mercadológicas, entre outras usualmente empregadas:

I - valor das benfeitorias úteis e necessárias, descontada a depreciação conforme o estado de conservação;

II - valor da terra nua, observados os seguintes aspectos:
a) localização do imóvel;
b) capacidade potencial da terra;
c) dimensão do imóvel.

§ 2º - Os dados referentes ao preço das benfeitorias e do hectare da terra nua a serem indenizadas serão levantados junto às Prefeituras Municipais, órgãos estaduais encarregados de avaliação imobiliária, quando houver, Tabelionatos e Cartórios de Registro de Imóveis, e através de pesquisa de mercado.

Art. 13 - As terras rurais de domínio da União, dos Estados e dos Muncípios ficam destinadas, preferencialmente, à execução de planos de reforma agrária.

Parágrafo único - Executando-se as reservas indígenas e os parques, somente se admitirá a existência de imóveis rurais de propriedade pública, com objetivos diversos dos previstos neste artigo, se o poder público os explorar direta ou indiretamente para pesquisa, experimentação, demonstração e fomento de atividades relativas ao desenvolvimento da agricultura, pecuária, preservação ecológica, áreas de segurança, treinamento militar, educação de todo tipo, readequação social e defesa nacional.

Art. 14 - (Vetado).

Art. 15 - (Vetado).

Art. 16 - Efetuada a desapropriação, o órgão expropriante, dentro do prazo de 3 (três) anos, contados da data de registro do título translativo de domínio, destinará a respectiva área aos beneficiários da reforma agrária admitindo-se para tanto formas de exploração individual, condominial, cooperativa, associativa ou mista.

Art. 17 - O assentamento de trabalhadores rurais deverá ser efetuado em terras economicamente úteis, de preferência na região por eles habitada.

Parágrafo único. (Vetado).

Art. 18 - A distribuição de imóveis rurais pela reforma agrária far-se-á através de títulos de domínio ou de concessão de uso, inegociáveis pelo prazo de 10 (dez) anos.

Parágrafo único - O órgão federal competente manterá atualizado cadastro de áreas desapropriadas e de beneficiários da reforma agrária.

Art. 19 - O título de domínio e a concessão de uso serão conferidos ao homem ou à mulher, ou ambos, independentemente de estado civil, observada a seguinte ordem preferencial:

I - ao desapropriado, ficando-lhe assegurada a preferência para a parcela na qual situe a sede do imóvel;

II - aos que trabalham no imóvel desapropriado como posseiros, assalariados, parceiros ou arrendatários;
III - aos que trabalham como posseiros, assalariados, parceiros ou arrendatários, em outros imóveis;
IV - aos agricultores cujas propriedades não alcancem a dimensão da propriedade familiar;
V - aos agricultores cujas propriedades sejam, comprovadamente, insuficientes para o sustento próprio e o de sua família.

Parágrafo único - Na ordem de preferência de que trata este artigo, terão prioridade os chefes de família numerosas, cujos membros se proponham a exercer a atividade agrícola na área a ser distribuída.

Art. 20 - Não poderá ser beneficiário da distribuição de terras, a que se refere esta Lei, o proprietário rural, salvo nos casos dos incisos I, IV e V do artigo anterior, nem o que exercer função pública, autárquica ou em órgão parestatal, ou o que se ache investido de atribuição parafiscal, ou quem já tenha sido contemplado anteriormente com parcelas em programa de reforma agrária.

Art. 21 - Nos instrumentos que conferem o título de domínio ou concessão de uso, os beneficiários da reforma agrária assumirão, obrigatoriamente, o compromisso de cultivar o imóvel direta e pessoalmente, ou através de seu núcleo familiar, mesmo que através de cooperativas, e o de não ceder o seu uso a terceiros, a qualquer título, pelo prazo de 10 (dez) anos.

Art. 22 - Constará, obrigatoriamente, dos instrumentos translativos de domínio ou de concessão de uso cláusula resolutória que preveja a rescisão do contrato e o retorno do imóvel ao órgão alienante ou concedente, no caso de descumprimento de quaisquer das obrigações assumidas pelo adquirente ou concessionário.

Art. 23 - O estrangeiro residente no País e pessoa jurídica autorizada a funcionar no Brasil só poderão arrendar imóvel rural na forma da Lei n. 5.709, de 7 de outubro de 1971.

§ 1º - Aplicam-se ao arrendamento todos os limites, restrições e condições aplicáveis à aquisição de imóveis rurais por estrangeiro, constantes da Lei referida no *caput* deste artigo.

§ 2º - Compete ao Congresso Nacional autorizar tanto a aquisição ou o arrendamento além dos limites de área e percentual fixados na Lei nº 5.709, de 7 de outubro de 1971, como aquisição ou arrendamento, por pessoa jurídica estrangeira, de área superior a 100 (cem) módulos de exploração indefinida.

Art. 24 - As ações de reforma agrária devem ser compatíveis com as ações de política agrícola, e constantes no Plano Plurianual.

Art. 25 - O orçamento da União fixará, anualmente, o volume de títulos da dívida agrária e dos recursos destinados, no exercício, ao atendimento do Programa de Reforma Agrária.

§ 1º - Os recursos destinados à exceção do Plano Nacional de Reforma Agrária deverão constar do orçamento do Ministério responsável por sua implementação e do órgão executor da política de colonização e reforma agrária, salvo aqueles que, por sua natureza, exijam instituições especializadas para a sua aplicação.

§ 2º - Objetivando a compatibilização dos programas de trabalho e propostas orçamentárias, o órgão executor da reforma agrária encaminhará anualmente e em tempo hábil, aos órgãos da administração pública responsáveis por ações complementares, o programa a ser implantado no ano subseqüente.

Art. 26 - São isentas de impostos federais, estaduais e municipais, inclusive do Distrito Federal, as operações de transferência de imóveis desapropriados para fins de reforma agrária, bem como a transferência ao beneficiário do programa.

Art. 27 - Esta Lei entra em vigor na data de sua publicação.

Art. 28 - Revogam-se as disposições em contrário.

ITAMAR FRANCO
Presidente da República.

Lázaro Ferreira Barbosa.

Lei nº 9.415 - De 23 de dezembro de 1996

Dá nova redação ao inciso III do artigo 82 da Lei n. 5.869, de 11 de janeiro de 1973 - Código de Processo Civil.

O Presidente da República.

Faço saber que o Congresso Nacional decreta e eu sanciono a seguinte lei:

Art. 1º O inciso III do artigo 82 da Lei n. 5.869, de 11 de janeiro de 1973 - Código de Processo Civil, passa a vigorar com a seguinte redação:

"Art. 82 - . . .

III - nas ações que envolvam litígios coletivos pela posse da terra rural e nas demais causas em que há interesse público e evidenciado pela natureza da lide ou qualidade da parte.

Art. 2º Esta Lei entra em vigor na data de sua publicação.

Art. 3º Revogam-se as disposições em contrário.

FERNANDO HENRIQUE CARDOSO
Presidente da República.

Milton Seligmam

IMPRESSÃO E ACABAMENTO
GRÁFICA E EDITORA SÃO CRISTOVÃO
Fone: (054) 522 - 1828 - Erechim - RS